陈捷先 主编

咸丰事典

庄吉发 编著

紫禁城出版社
The Forbidden City Publishing House

出版说明

清朝史事纷繁，史料浩如烟海。读者阅读相关书籍，往往对里面的地名、人名、制度、事件感到十分陌生，不知从何查索。这套《清史事典》丛书，便以清朝历代皇帝为单位，用年表式开列其在位期间的重要大事，再以辞典式文字来详解人、事、时、地等内容，使人一目了然，轻松掌握清朝史实。

本书由台湾著名清史、档案学家陈捷先主编，延揽两岸清史权威分别执笔。它有别于目前市面上传记、编年、辞典等类别的清史书籍，可说是第一部结合传记、年表、辞典的工具书性读本。每册集中介绍一代皇帝及其制下的王朝，主要内容包含"皇帝小传"、"皇帝年表"和"皇帝辞典"三大部分。其中，"小传"简要评说这位皇帝的特色与经历，"年表"清晰地展现当朝的重大事件，"辞典"则条理清晰地介绍、解释走入重大事件中的人与事。书末还附有"后妃表"、"子女表"、"年代对照表"、"辞条索引"、"译名对照表"等，以便读者查阅检索。

这套书在台湾出版后，受到社会各界的广泛好评。为满足大陆读者的需要，经台北远流出版公司授权，本社特以简体字形式重新出版，不足之处敬请读者不吝指教。

紫禁城出版社
2010年7月

主编的话

陈捷先

清朝是帝制中国的最后一个朝代，也是中国专制与民主政体的分水岭，因此清朝在整个中国史中具有承先启后的地位与作用，这是毋庸置疑的。在历史长河中，清朝确实也是中国由强变弱、由先进变为落后、由主权独立变为半殖民地的转折时刻，而日后中国的政治、经济、军事、外交、文化、民族等等的问题，又大都与清朝有着分割不了的关系，不是清朝演化的，就是清朝延伸的，这就使得清史研究至今仍有其学术与实用价值的主要原因。

然而清朝的史事纷繁，有宫廷的，有国内的，有边疆的，有国际的，有政经文教的，有军事外务的……真是不一而足，包罗万象。同时这些历史事象又能反映巨大世局的变化，更有深刻的历史内容，因此一个人若要研究清史，往往真有翻读《二十五史》的感觉，"不知从何开始"。清朝的史料也是浩如烟海，有汉文的，有满文的，有其它少数民族的，也有东洋与西洋的，要搜集、整理、编印、利用这些资料，实在不易。同时清朝史料还有内容失实的、伪造的、互相抵牾的、简略疏漏的，不经专家学者精心考证分析与去芜存菁，势必不能取得有益的、可信的素材，根本写不出让人共信的历史。

所幸近几十年来，清朝深宫大内的珍藏，中央与地方的档册，非汉文的多种国内外语文史料，逐渐编辑或翻译成书了，而专家学者们的研究成果也日新月异的陆续问世了，这给治清史的人提供了不少参考之资。不过这些学术论文、专书与史料汇编，有的过于专精艰深，有的分散不易获得,对研究、教学及一般人士的利用,仍有不便之处。台北远流出版公司为服务各界,特发起编纂《清史事典》丛书,邀约清史学者多人,分别执笔,以清朝历代皇帝为单位,用年表式开列其在位期间的重要大事,再以辞典式文字来详解人、事、时、地的内容,使读者一目了然,容易掌握当年的史实。本丛书出自多人之手,写作时间又不多,疏忽与错误之处在所难免,尚望方家君子不吝指教,以便再版时修正。

前言

清朝入关前的历史，称为清朝前史，在清太祖努尔哈齐、清太宗皇太极的努力经营下，建州女真由小变大，由弱转强。天聪十年（1636），金国号改为大清。

清世祖顺治元年（1644），清朝势力由盛京进入关内，定都北京，确立统治政权，至宣统三年（1911）辛亥革命，政权终结，历经二百六十八年，称为清代史。整个清代史又可以分为清代前期、清代中期、清代后期三个时期。

在清代前期中，圣祖康熙皇帝在位六十一年（1662－1722），世宗雍正皇帝在位十三年（1723－1735），高宗乾隆皇帝在位六十年（1736－1795），共计一百三十四年，恰好占了清代史的一半。这段时期，清朝的文治武功，远迈汉唐，称为盛清时期。

清代中期，仁宗嘉庆皇帝在位二十五年（1796－1820），宣宗道光皇帝在位三十年（1821－1850），文宗咸丰皇帝在位十一年（1851－1861），共计六十六年。国力由强转弱，内忧外患，是中衰时期。

清代后期，穆宗同治皇帝在位十三年（1862－1874），德宗光绪皇帝在位三十四年（1875－1908），宣统皇帝在位三年（1909－1911），共计五十年，国运已倾，辛亥革命，遽谢政权。

咸丰皇帝生于道光十一年（1831），崩于咸丰十一年（1861），得年三十一岁，英年猝逝。历史故事，穿凿附会，咸丰皇帝的嗣统，充满着戏剧性。传说道光皇帝以皇四子奕詝居长，并无失德，皇六子奕訢英异，颇得父爱，道光皇帝对密建储位，迟疑不决。奕詝师傅杜受田密授机宜，储位遂定。奕詝为人仁厚，大孝性成，立奕詝为皇太子是道光皇帝经过深思熟虑后的慎重选择。

咸丰皇帝即位之初，为整顿吏治挽救内政危机，屡颁特谕，训饬大小臣工摒除因循不振的积习。咸丰皇帝任贤去邪，罢斥三朝旧臣穆彰阿等人，说明他对内外臣工因循废堕的深恶痛绝，及其整顿内政外交的决心，充分展现了他早年英明果断的作风。

奏折是皇帝和相关文武大臣之间单线联系的一种上行文书，起源于康熙年间，臣工进呈奏折，径达御前，皇帝亲自启封披览，亲手批谕。咸丰皇帝勤于批谕，并不起稿，得力于良好的书法基础。他常藉奏折批谕谆谆训诲臣工，或指授方略，期盼同德同心在政治上形成生命共同体。英法联军进逼京师，咸丰皇帝巡幸木兰驻跸热河行宫期间，臣工奏折照例进呈御览，亲书朱批谕旨，从不假手于他人，勤理政务。虽然有传北京戏班到热河行宫的故事，但咸丰皇帝并未沉湎于清歌妙舞纵情声色，缺乏忧患意识。

小说归小说，历史归历史。史料与历史，关系密切，没有史料，便没有史学。史料有直接史料与间接史料的区别，档案是一种直接史料，也是一种第一手史料。历史学家充分利用档案，比较公私记载，进行有系统地诠释、分析与叙述，使历史的记载与客观的事实，彼此符合，始可称为信史。有清一代，除了丰富的官书典籍外，文献档案，汗牛充栋。舍弃大量的文献档案不用，而采信于杜撰虚构的历史小说，并不符合历史研究的基本要求。

实录是一种编年体的官书，清朝实录除了汉文本外，还有满文本、蒙文本，都是记载各朝皇帝在位时期的重要大事。关于咸丰皇帝的诞生地点，诸书记载，颇有出入。据《清帝列传·咸丰同治帝》记载，"道光十一年六月初九日（1831年7月17日），紫禁城的承乾宫里忽然传出喜讯，道光皇帝爱新觉罗·旻宁的第四个儿子降生人世。这就是后来的咸丰皇帝，清朝入关后的第七代国君——爱新觉罗·奕詝，庙号文宗，年号咸丰"。原书指出咸丰皇帝生于"紫禁城的承乾宫"。《满汉大辞典》记载，道光十一年六月初九日，全贵妃在北京圆明园澄静斋生文宗奕詝。《文宗显皇帝实录》记载，"道光十一年辛卯六月初九日丑时诞上于御园之湛静斋，后更为基福堂者是也"。文中"御园"即圆明园，咸丰皇帝生于圆明园湛静斋的记载，是足以采信的。

起居注册是记载皇帝言行的册籍，也是类似日记体的一种史料，逐日记载，按月成册。所记内容，有些是起居注官在殿廷侍值时耳闻目睹的记录，有些则是摘自当时的各种文书，包括内阁奉上谕、朱批奏折以及君臣对话的内容，有汉文本，也有满文本。譬如咸丰五年十二月初一日（1856年1月8日）记载："朝鲜国正使判中枢府事徐熹淳、副使礼曹判书赵秉恒、书状官司宪府兼执义申佐模三人，琉球国正使紫巾官向邦栋、副使正议大夫毛克进二人入觐于神武门前，跪迎圣驾。"探讨清朝与朝鲜、琉球关系的历史，不可忽视起居注册的史料价值。

上谕档是汇抄各种谕旨的一种档册，所记内容，除明发上谕、寄信上谕、奉旨事件外，还有特谕。例如咸丰十一年三月初五日（1861年4月14日）军机大臣抄录朱谕一道："道光十六年正月二十七日（1836年3月14日），奉朱谕，四阿哥、五阿哥著于四月初三日（1836年5月17日）入学读书，杜受田著充四阿哥师傅；徐士芬著充五阿哥师傅；潘世恩、穆彰阿著充上书房总师傅；瑞郡王奕誌著在上书房伴读，特谕。"标注："夸兰达送下传旨，另缮递并黏黄签。"

刑部候补主事何秋涛对制度沿革、山川形势，考据详明，纂成书籍八十卷，进呈御览。军机大臣遵旨拟写书名进呈，候旨钦定。上谕文件内抄录清单云："臣何秋涛所进书命拟书名四字：漠北全编、朔方备乘（钦赐名写入旨内）、龙沙一览、绥边备考。"原清单奉朱笔圈选《朔方备乘》，咸丰十年正月二十四日（1860年2月15日），颁发内阁奉上谕，并将《朔方备乘》写入谕旨内。

　　清初本章制度，沿袭明朝旧制，公事用题本，私事用奏本。康熙皇帝亲政以后，为欲周知地方利弊、民情风俗，以及施政得失，而于公题私奏之外，又命大小臣工使用奏折，径达御前，皇帝亲书朱批谕旨，朱批奏折就是政府体制外的一种秘密通讯工具。雍正皇帝即位后，命臣工呈缴朱批奏折，并贮存于宫中懋勤殿等处，除朱批外，还有墨批奏折、蓝批奏折，以及军机大臣等奉旨墨批奏折，统称为宫中档案。咸丰皇帝沿袭亲手批谕的勤政传统，谆谆训诲臣工，指授方略，展现了处理政务的政治能力。宫中档案内除奏折外，还有各种谕旨、清单等文书。掌书谕旨，是军机大臣的主要职掌，现藏咸丰朝宫中档案中也含有各种形式的谕旨原稿。例如咸丰八年三月二十六日（1858年5月9日），军机大臣所撰拟的明发上谕原稿云："内阁奉上谕，四月初四日（1958年5月16日），常雩大祀，朕因腿疾，尚未如常，恐升降拜跪，不足以昭诚敬，著派恭亲王奕䜣恭代行礼。初三日（1958年5月15日），即在坛内斋宿，朕仍于初一日（1958年5月13日）进城在宫内敬谨致斋，钦此。"原稿进呈后经朱笔改定如下："内阁奉上谕，四月初四日，常雩大祀，朕因腿疾尚未如常，恐升降拜跪，不足以昭诚敬，著派恭亲王奕䜣恭代行礼。初一日、初二日在禁城内斋宿。初三日，在坛内斋宿。此次大祀，朕虽未能亲诣，仍于初一日进宫，在养心殿敬谨致斋，以严对越，钦此。"《文宗显皇帝实录》所载内容，与朱笔改定稿相合。同年十月二十九日（1958年12月4日），军机大臣所拟内阁奉上谕云："怡亲王载垣、科尔沁亲王僧格林沁内廷〔外〕宣力〔勤〕，㮣著勤劳〔勋劳㮣著〕均著加恩在紫禁城内乘坐二人椅轿，以示优眷，钦此。"〔〕内字样为朱笔改动文字。改定后的上谕文意，更加优美，足以说明咸丰皇帝并非依样画葫芦。通过奏折制度的运作，外任官员可以下情上达，咸丰皇帝了解施政得失及地方利弊，君臣互动，更加密切。

咸丰皇帝体弱多病，咸丰十一年五月十八日（1861年6月25日），上谕文件记载一道谕旨云："朕前日夜间未能安眠，昨日已觉心气太弱。昨晚服药后仍不能酣寝，历亥子二时，心中繁热，不得已略坐数刻。自丑初三刻以后安眠一时有余，今早更觉气弱。现有吏部引见人员，可多迟数日，候旨带领。"心气既弱，又不能酣寝，健康状况不佳。同日，载垣等以天气炎热，奏牍纷繁，奏请咸丰皇帝随时颐养，静心调摄，军报折件，从容阅看，稍迟一两日发下，以免圣躬过劳。惟因长期积劳成疾，虚痨旧疾，病情日剧，于咸丰十一年七月十七日（1861年8月22日）宾天。《清史稿·文宗本纪》论中已指出，咸丰皇帝遭阳九之运，内忧外患，而能任贤擢材，洞观肆应，转危为安。倘使假年御宇，安有后来伏患？

史学家探讨历史事件，所依据的就是文献档案。举凡实录、起居注册、上谕档、宫中档朱批奏折、军机处档奏折录副，以及清史馆纪、志、表、传等稿本，都是可信度较高的文献档案，《咸丰事典》所列历史事件，主要就是取材于这些文献档案，以还原历史，咸丰一朝的掌故，不可从阙，通过这部事典，有助于勾勒出咸丰朝的历史发展轮廓。

凡例

1. 本书正文分为"小传"、"年表"和"辞条解释"三大部分，依年代先后编排，特别以黑体字标示出辞条条目。

2. 为了便于对照参阅，每一开页上半部的年表和下半部的辞条解释力求相互呼应，或可于前后页索得为准则。

3. 关于日期的表达方式，统一以阿拉伯数字代表阳历日期，以汉字代表阴历日期。日期不明确者，集中于该年之末，这部分的公元纪年以灰色字表示。

4. 每个辞条中，每个年号首次出现时均附加公元纪年，其余除日期明确或特殊状况外，不另行标注。

5. 人名、地名等因音译而有不同译名时，本书力求统一用法，以避免因混用而造成困扰。但于个别辞条解释中，再将不同的译名列出，供读者参考。

6. 本书中所见满洲文名词，均以P. G. von Mollendorff罗马拼音法拼写。

7. 本书共选取754个辞条。

8. 书末附录包含"咸丰皇帝后妃表"、"咸丰皇帝子女表"、"年代对照表"、"辞条索引"及"译名对照表"等，方便读者查阅检索。

目录

出版说明 ... 3
主编的话／陈捷先 ... 5

前言 ... 9
凡例 ... 15
咸丰皇帝小传 ... 19
咸丰皇帝事典 ... 39
附录 ... 239
    1.咸丰皇帝后妃表 ... 241
    2.咸丰皇帝子女表 ... 243
    3.年代对照表 ... 244
    4.辞条索引 ... 245
    5.译名对照表 ... 261

【清文宗】
咸丰皇帝小传

姓名：爱新觉罗·奕詝

父亲：宣宗道光皇帝旻宁

生母：孝全成皇后钮祜禄氏

出生日期：道光十一年六月初九日丑时

登极日期：道光三十年正月二十六日

称帝年龄：20岁

在位时间：11年

薨逝日期：咸丰十一年七月十七日寅刻

享年：31岁

年号：咸丰

谥号：显皇帝

庙号：文宗

陵名：定陵

【清文宗】
咸丰皇帝

清文宗咸丰皇帝奕詝（1831—1861）是宣宗道光皇帝（1782—1850）第四子。道光十一年六月初九日（1831年7月17日），奕詝生于圆明园湛静斋。生母是原任乾清门二等侍卫世袭二等男追封承恩公颐龄之女全贵妃钮祜禄氏。道光十六年（1836），皇四子奕詝六岁，开始就傅。是年四月初三日（1836年5月17日），命皇四子奕詝与皇五子奕誴（1831—1889）入学读书，以杜受田为皇四子师傅，徐士芬为皇五子师傅。

道光二十六年六月十六日（1646年8月7日），道光皇帝遵照储位密建法，以朱笔满汉文亲书"皇四子奕詝立为皇太子"（duici age i ju hūwang taidz de ilibu），以汉字朱书"皇六子奕訢封为亲王"。道光三十年正月十四日（1850年2月25日），道光皇帝居圆明园慎德堂，召宗人府宗令载铨，御前大臣载垣、端华、僧格林沁，军机大臣穆彰阿、赛尚阿、何汝霖、陈孚恩、季芝昌，内务府大臣文庆，宣示密建储贰满汉朱谕，立皇四子奕詝为皇太子。同日，道光皇帝宾天。正月二十六日（1850年3月9日），皇四子奕詝即皇帝位于太和殿，以明年为咸丰元年。

皇位继承人的选择，是经过深思熟虑后决定的。储位密建法是雍正初年以来的祖宗家法，皇帝以朱笔满汉兼书。道光皇帝将立皇太子朱谕和封亲王朱谕一同放置建储匣中，曾被史家解读为举棋不定的建储之举。一匣两谕，是道光皇帝的创举，然而是否能反映立储过程中的矛盾心情，仍有待商榷。

历史小说对咸丰皇帝的嗣统，颇多着墨。传说道光十二年（1832）静贵妃博尔济吉特氏生皇六子奕䜣（1832—1898），渐长，颇英异，道光皇帝爱之，欲立为皇太子，以奕詝居长，无失德，故逡巡不决。全贵妃隐知其意，谋酖奕䜣，以绝后患。奕䜣不忍，阴告之，得不死。又传说道光皇帝生病期间，曾召奕詝、奕䜣入对，奕詝、奕䜣各请命于其师。奕䜣师傅卓秉恬教以皇上垂询，当知无不言，言无不尽。奕詝师傅杜受田则云条陈时务，阿哥知识万不及六爷，惟有一策，皇上若自言老病，将不久于此位，阿哥惟伏地流涕，以表孺慕之诚而已。果如其言，皇上大悦，以皇四子仁孝，储位遂定。奕詝十六岁，奕䜣十五岁，又同得父爱，建储确实颇费踌躇。然而小说归小说，历史归历史，传闻之词，文献无征，不足以采信。

《清史稿》记载奕詝自六岁入学，杜受田朝夕纳诲，必以正道，历十余年。至宣宗晚年，以文宗长且贤，欲付大业，犹未决。会校猎南苑，诸皇子皆从，恭亲王奕䜣获禽最多，文宗未发一矢。问之，对曰："时方春，鸟兽孳育，不忍伤生以干天和。"宣宗大悦，曰："此真帝者之言！"储位遂定。检查《实录》、《起居注册》，道光二十六年三月初八日（1846年4月3日），道光皇帝由圆明园启銮。三月十二日（1846年4月7日），只谒西陵。三月十五日（1846年4月10日），驻跸南苑，此时草木繁茂，牲兽尚多。三月十七日（1846年4月12日），行围。《起居注册》记载："今日行围，御鸟枪伊昌阿枪获一兔，著加恩赏穿黄马褂。"并无诸皇子参加行围捕获鸟兽的记载。诸皇子皆受良好教育，奕詝书法尤佳，生性仁孝，并无失德。朝鲜《哲宗实录》记载："闻新皇性仁厚，民亦爱戴云矣。"立奕詝为皇太子是道光皇帝慎重的选择。

训诫因循

崇俭勤政，励精图治，固然是对人君的基本要求，大小臣工尤应兢兢业业，以国计民生为重。咸丰皇帝即位之初，为整顿吏治，挽救内政危机，曾屡颁特谕，训诫臣工，摒除因循积习。"内外文武诸臣，抒忠宣力，视国如家者，固不乏人，然泄泄沓沓，因循不振，禄位之念重，置国事于不问者，正复不少。朕虽非贤主，断不忍诿咎于诸臣。"咸丰皇帝不敢以贤主自居，然而大小臣工，因循不振，积习已深，置国计民生于不问者，确实比比皆是。咸丰皇帝有鉴于此，于是要求大小臣工"自今日始，仍有不改积习，置此谕于不顾者，朕必执法从严惩办，断不姑容，猛以济宽，正今日之急务也"。道咸年间，吏治败坏，社会动荡，民遭涂炭，改革因循积习，必须猛以济宽。

咸丰皇帝即位后，江宁布政使杨文定奉召入京陛见，先后召见六次，训勉他力戒因循。咸丰元年正月初八日（1851年2月8日），杨文定具折奏报回任日期，原折奏陈藩司有考察属员之责，黜陟宜出以公正，而江宁为财赋最要之区，稽核必求其实，用人毋涉于瞻徇，力戒因循。原折奉朱批："知道了，尔之才具，断不致因循废事。但属员之因循蒙混，尤应认真察劾，不患不明，惟患不公，朕期汝事事须一诚字，一当字。"因循废事，是天下通病，所以必须上下认真，力戒因循蒙混。

咸丰元年九月二十二日（1851年11月14日），宁夏将军宗室成凯接奉满文朱谕："知道了，一切事务，务须留心办理，凡清语步骑射等项妥为训练，勿忘满洲习俗。"同年十一月初九日（1851年12月30日），宗室成凯奏陈骑射技艺勤加训练，矢慎矢勤，留心办事，不敢自图安逸。原折奉朱批："知道了，操演日期既添，尤应认真训练，庶可名实相副，断不准奉有朱谕一奏塞责，过此仍怠忽也。是时天下之通病，因循不振，大可恨，大可惧。朕知汝非胡涂不晓事者，然此等积习，断非官话数语所可挽回。"因循积习，由来已久，不易挽回，咸丰皇帝仍谆谆告诫臣工力戒因循，以期整饬吏治。

咸丰二年七月二十九日（1852年9月12日），河东河道总督慧成具折奏报到任接印日期，并奏陈"再肩重任，悚惧交深，惟有摩厉精神，实心实力，事事妥慎经理，不敢稍避怨嫌"。原折奉朱批："知道了，事事实心经理，不准因循，河员习气固深，有犯必惩，勿稍宽假。若无事时，断不可自负清高，常加诟詈，既不能得其力，又不能服其心，徒于事无益，亦于汝无益也，志之。"咸丰皇帝训勉臣工，实心办事，不可因循。

咸丰三年六月二十六日（1853年7月31日），因兵差过境，三河县候补知县刘铠办理不善，刑部尚书翁心存等具折奏请交部议处。原折奉朱批："现今畿辅兵差何等紧要，地方官相率因循，任听家丁延搁不办，恶习殊堪痛恨，刘铠著即行革职，该部知道。"因循恶习，将紧要事件，延搁不办，殊堪痛恨。

咸丰十年十一月初九日（1860年12月20日），掌江南道监察御史徐启文条陈整顿大局以饬吏治一折指出，"傥宸衷偶有一念之逸乐，则臣下之逸乐，必至十倍；微有一念之因循，则臣下之因循，亦必至十倍，甚至托逸乐以逢迎，假因循为容悦，其弊且不可胜言"。咸丰皇帝批谕称："惩逸乐，戒因循，固不外上行下效，然徒托空言，上下相蒙，朕不为也。"人君因循，上行下效，臣工十倍因循，以致上下相蒙，咸丰皇帝对因循积习，深恶痛绝，所以屡屡训饬臣工不可因循废事。

任贤去邪

咸丰皇帝即位之初，首戒因循，罢斥穆彰阿、耆英，任贤去邪，展现了早年英明果断的作风。穆彰阿（1782—1856），郭佳氏，满洲镶蓝旗人。嘉庆十年（1805）进士，历礼部、兵部、刑部、工部、户部侍郎。道光初年，充内务府大臣，擢左都御史、理藩院尚书。道光八年（1828），授军机大臣，值南书房，历兵部、户部尚书。十六年（1836），充上书房总师傅，拜武英殿大学士，管理工部。十八年（1838），晋文华殿大学士。宗室耆英（？—1858），隶正蓝旗，嘉庆间（1796—1820），以荫生授宗人府主事，迁理事官。累擢内阁学士，兼副都统、护军统领。道光五年（1825），授内务府大臣。九年（1829），擢礼部尚书，历工部、户部尚书。十八年（1838），授盛京将军。二十二年（1842），调广州将军，授钦差大臣。

穆彰阿当国，中英鸦片之役，力主和议，道光皇帝既厌战，遂从其策，罢林则徐，以琦善代之，终道光一朝，穆彰阿恩眷不衰。《清史稿》记载自嘉庆以来，穆彰阿典乡试三次，典会试五次。凡复试、殿试、朝考，教习庶吉士散馆考差，大考翰詹，无岁不与衡文之役。国史、玉牒、实录诸馆，皆为总裁。门生故吏遍于中外，知名之士，多被援引，一时号曰"穆党"。咸丰皇帝在潜邸时已深恶穆彰阿。耆英任广东钦差大臣期间，五口通商交涉，耆英一意迁就，其章奏多掩饰不实，咸丰皇帝深恶其人。咸丰皇帝即位后于道光三十年十月二十八日（1850年12月1日）颁降特谕，揭示穆彰阿及耆英罪状，略谓：

> 穆彰阿身任大学士，受累朝知遇之恩，不思其难其慎，同德同心，乃保位贪荣，妨贤病国。小忠小信，阴柔以售其奸；伪学伪才，揣摩以逢主意。从前夷务之兴，穆彰阿倾排异己，深堪痛恨，如达洪阿、姚莹之尽忠尽力，有碍于己，必欲陷之。耆英之无耻丧良，同恶相济，尽力全之。似此之固宠窃权者，不可枚举。我皇考大公至正，惟知以诚心待人，穆彰阿得以肆行无忌，

若使圣明早烛其奸，则必立寘重典，断不姑容。穆彰阿恃恩益纵，始终不悛，自本年正月朕亲政之初，遇事模棱，缄口不言。迨数月后，则渐施其伎俩，如嘆夷船至天津，伊犹欲引耆英为腹心，以遂其谋，欲使天下群黎复遭荼毒。其心阴险，实不可问。潘世恩等保林则徐，则伊屡言林则徐柔弱病躯，不堪录用。及朕派林则徐驰往粤西剿办土匪，穆彰阿又屡言林则徐未知能去否？伪言荧惑，使朕不知外事，其罪实在于此。

穆彰阿把持朝政，排除异己，伪言荧惑。《清史稿》论穆彰阿曰："宣宗初政，一倚曹振镛，兢兢文法，及穆彰阿柄用，和战游移，遂成外患，一代安危，斯其关键已。"穆彰阿和战游移，为当时所诟病。

咸丰皇帝在所颁特谕中又指出："耆英之自外生成，畏葸无能，殊堪诧异。伊前在广东时，惟抑民以奉夷，罔顾国家，如进城之说，非明验乎？上乖天道，下逆人情，几至变生不测，赖我皇考炯悉其伪，速令来京，然不即予罢斥，亦必有待也。今年耆英于召对时数言及嘆夷如何可畏，如何必应事周旋，欺朕不知其奸，欲常保禄位，是其丧尽天良，愈辩愈彰，直同狂吠，尤不足惜。穆彰阿暗而难知，耆英显而易著，然贻害国家，厥罪维均。"中英鸦片之役，朝廷举措失当，穆彰阿、耆英二人难辞蒙蔽之咎。《清史稿》论耆英曰："罢战言和，始发于琦善。去备媚敌，致败之由，伊里布有忍辱负重之心，无安危定倾之略，且庙谟未定，廷议纷纭。至江宁城下之盟，乃与耆英结束和议，损威丧权，贻害莫挽。耆英独任善后，留广州入城之隙，兵衅再开，寖致庚申之祸。三人者同受恶名，而耆英不保其身命，宜哉！"因穆彰阿是三朝旧臣，降旨从宽革职，永不叙用。耆英从宽降为五品顶戴，以六部员外郎候补。

任贤去邪，是人君首务。咸丰皇帝御极之初，深慨于"方今天下因循废堕，可谓极矣。吏治日坏，人心日浇，是朕之过。然献替可否，匡朕不逮，则二三大臣之职也。"身为大臣，辅弼人君，理当恪尽厥职。咸丰皇帝罢斥穆彰阿、耆英后，期勉内外臣工，整饬吏治，不可因循废事。"嗣后京外大小文武各官，务当激发天良，公忠体国，俾平素因循取巧之积习，一旦悚然改悔，毋畏难，毋苟安，凡有益于国计民生诸大端者，直陈勿隐。"罢斥穆彰阿、耆英谕旨反映了咸丰皇帝对内外臣工因循不振的深恶痛绝及其整顿内政外交的决心。

君臣互动

臣工奏折进呈御览后，皇帝以朱笔批示谕旨，称为朱批谕旨。臣工奏折所奉朱批，或批于奏折尾幅，或批于字里行间，一字不假手于人。咸丰皇帝亲书朱批，并不起稿，得力于良好的书法基础。他常藉奏折批谕谆谆训诲内外臣工君臣一体，同德同心，下情上达，凝聚共识，期盼在政治上形成生命共同体。

咸丰元年十二月初三日（1852年1月23日），湖广总督程矞采密陈湖北、湖南两省文武大员考语。原折奉朱批："知道了，单留中，卿留心吏治，考语无丝毫不实不尽之处，洵属可嘉。朕用卿封疆重任，原欲代朕治人，俾下情得以上达，方不负古大臣之风。卿若能永保兹念，不惟渥承恩眷，亦可格上天之佑护也。"督抚大臣代皇帝治人，君臣一体。

咸丰元年十二月二十六日（1852年2月15日），甘肃西宁镇总兵双锐奏报接印任事日期一折奉朱批："知道了，认真操练，不可沾染习气。边陲要地，文武尤须和衷，汝之才具虽非出人者，若悉心讲究，成就有余，慎勿自暴自弃也。"咸丰皇帝训勉总兵官双锐悉心讲究，不可自暴自弃，是肺腑之言。

咸丰二年二月初六日（1852年3月26日），钦差大臣赛尚阿具折奏明进兵情形。原折奉朱批："虽连次获胜，而该逆仍负隅不出，览奏曷胜愤闷，卿奉命出师，将及一载，朕不得不屡次严催，卿断不可过为焦急，致伤身体，朕之苦心，谅卿亦必知之。"关怀臣工的健康，所以训勉臣工不可过于焦急。

咸丰三年五月十七日（1853年6月23日），命哈芬补授山西巡抚。同年五月二十五日（1853年7月1日），哈芬缮折谢恩。原折奉朱批："知道了，朕闻汝至晋省，操守甚好，若能终始如一，地方何患不治，属员亦断不能挟制，时加砥砺，勉为之。"封疆大吏操守不廉洁，往往为属下所挟制。操守廉洁，始能整顿吏治。咸丰皇帝勉励山西巡抚哈芬时加砥砺，始终如一，地方何患不治。

咸丰五年六月十六日（1855年7月29日），命文格补授湖南布政使。同年七月初七日（1855年8月19日），文格具折谢恩。原折奉朱批："知道了，汝才长心细，朕知汝实堪胜任。惟事事务实，不染习气，以副朕恩。"才长心细，可以胜任，但不可沾染因循习气。是年七月初六日（1855年8月18日），命张国梁补授福建漳州镇总兵官。同年八月初二日（1855年9月12日），张国梁具折谢恩。原折奉朱批："知道了，朕闻汝在军营甚属奋勇，实堪嘉奖，汝其竭诚报效，于勇猛之中加以慎重，以副朕恩。"武职人员必须于勇猛之中加以慎重，咸丰皇帝的训勉，可谓至理名言。

不能恪尽厥职的大小臣工，咸丰皇帝必严旨斥责，以免因循废事。咸丰元年二月初六日（1851年3月8日），山西巡抚兆那苏图因办理清查钱粮未能通盘筹划，奉上谕交部议处。二月初十日（1851年3月12日），奉旨降二级留任。二月二十一日（1851年3月23日），兆那苏图具折谢恩。原折奉朱批："多慧系尔所明保之人，朕以汝平日尚属认真，故从宽仅予降留，乃不知倍加感激，于折内仍照例数语，昧良负恩，莫此为甚，朕尚可欺，天岂可欺乎？嗣后尔若能尽改前愆，庶可仍邀眷遇，若自甘暴弃，复蹈故辙，则革职逮问矣！朕近闻汝好与朝臣交往，甚属卑鄙，有则改之，无则加勉，此系朕所闻，特谕汝知，非罪汝也，正爱汝也。"臣子昧良负恩，是可忍，孰不可忍。外任官员与朝臣交往频繁，必有他图，行为卑鄙，咸丰皇帝颇不以为然。

咸丰三年九月初二日（1853年10月4日），裕瑞奉到吏部咨文，补授四川总督。九月初六日（1853年10月8日），裕瑞具折谢恩。原折奉朱批："知道了，朕闻汝在川，于地方一切事情，未免涉于宽缓，殊少果断，并有二语谓汝严明不如琦善，廉介不如徐泽醇。朕料汝未必真敢过于因循，第朕闻若是，特谕汝知，嗣后倍加感激，有则速改，无则加勉，懔之。"四川地处边陲，界连陕楚，政务殷繁，既须严明，更应廉介，咸丰皇帝对边臣疆吏的要求，更加严格。同年十月二十三日（1853年11月23日），江西巡抚张芾具折奏陈奉拨协解滇黔兵饷及铜铅本银酌留暂借以济江西军需。原折奉朱批："户部速议具奏，屡次严催，不准截留，何不知缓急？置全局于不顾，实堪痛恨。汝自抵任以来，只知有一江西，款项则任意截留，保奏则太觉冗滥，一筹莫展，专以奉迎大绅衿为务，昧良丧心，至于此极。朕自愧用汝之庸愚大吏，实觉厚颜，但不知汝能汗流浃背否？"因江西巡抚张芾一筹莫展，截留款项，不顾全局，以致咸丰皇帝雷霆震怒。

咸丰四年六月十六日（1854年7月10日），因武昌省城失守，湖广总督台涌职任兼圻，毫无布置，一味因循，贻误大局，奉旨革职。六月二十五日（1854年7月19日），台涌具折谢恩。原折奉朱批："览汝之孤〔辜〕恩溺职至矣尽矣，此次寄谕并未看明，亦未令舒伦保来京，昏愦若是，无怪乎昧机失宜，以后如果能力刷精神，奋勉出力，尚不难再承恩眷，若一味拥兵自卫，从旁掣肘时，是真一老废物也，朕必将汝军法从事，无待于杨霈参劾。汝曾历戎行，效力多年，若未路不能自保，如博勒恭武之贻笑天下，朕甚为汝惜。"武昌失守，昧机失宜，贻误大局，台湧不能辞其咎。因此，咸丰皇帝批谕时，严词斥责，视同"老废物"，毫不留余地。从朱批谕旨的内容，有助于了解咸丰皇帝恩威并施整饬吏治的决心。

指授方略

咸丰朝的社会，充满了动荡性，发捻起事，与咸丰朝的历史相终始。太平军发难金田，凭一腔热血，以寡击众，攻无不陷，战无不克，乘胜入湖南，渡洞庭，破岳州，陷武昌，沿江而下，长驱江宁，奠都天京，握长江险要，战将如云，震撼了大清帝国。太平天国起事问题，引起中外史家的争论，对太平天国的革命性质及评价，湘淮军的功过，异说纷纭，并无交集。

捻军初起，早于太平军。清军既困于太平军，不遑兼顾捻军，以致蔓延于豫楚江皖之间，历十余年，对清军形成牵制作用。朝廷虽命胜保、袁甲三、僧格林沁进剿，终不能大创捻军。太平天国覆亡后，捻军声势仍盛。此外，新疆、青海、陕甘、云南的回乱，贵州苗人的抗税，内地各省的会党，民变频仍，蔓延既广，更加扩大了社会的动乱。咸丰皇帝为了挽救危机，除了颁降寄信上谕，还藉奏折朱批指授方略。

咸丰三年九月初三日（1853年10月5日），胜保具折奏明统筹全局督兵剿捻情形。原折奉朱批："知道了，已屡次有寄谕催汝前进，汝虽转折纡远，行走尚速，或可绕出贼前，恩华、托明阿，仍应严催。现今贼已窜至赵州，正定无兵，焦急之至，专赖汝之赶到也，续探由顺德东窜，或即是此股，抑系分股，著探明具奏，天下安危，关系甚重，我君臣誓必凛承天命，尽灭此贼，余无复言。"天下安危，君臣誓灭发捻，咸丰皇帝多能掌握军情，并非状况之外。

咸丰三年九月十二日（1853年10月14日），科尔沁亲王僧格林沁具折奏陈发捻窜扰情形。原折奉朱批："所见是极，虽续有廷寄，汝亦可斟酌进止随时，军情岂能拘于谕旨，朕派汝出去，专赖汝屏障京师，左右狐疑，必无定见，汝之办事，岂肯出此，著暂驻涿州，以为北路声势。贼未至慎莫轻出，贼既来，必不更返。朕见到如此，料汝之见，亦如此，僧格林沁原折并朱批著惠亲王等全看。"僧格林沁驻军涿州，发捻北窜，正可迎剿。咸丰皇帝与阵前将领谈论军情，反映他对战略的分析，仍有可取。

咸丰三年九月二十五日（1853年10月27日），湖南巡抚骆秉章奏陈太平军兵船上窜派兵防剿情形。原折奉朱批："知道了，楚南防堵情形，尚可稍缓，前已有旨，令湖南拨兵勇协济湖北，若湖北贼匪歼灭，湖南自可无虞，务须不分畛域，统筹大局，不可衹顾一省。"不分畛域，方能统筹大局，咸丰皇帝屡饬督抚不可只顾一省。同年十一月初四日（1853年12月4日），琦善等奏陈瓜洲太平军守将尹谦吉告急情形。原折奉朱批："观此情形，更不可不急攻扬州。尤可虑者，尹逆岂肯坐以待毙，思窜无疑。设南路援应贼至，犹不可顾此失彼。朕日夜盼捷音之速至也。"兵连祸结，黎民受害，咸丰皇帝日夜盼望捷音。咸丰皇帝指授方略，反映他对军情的掌握及分析能力，是可以肯定的。

英法联军

英国和法国为迫使清朝中央政府接受修约等项要求，而采取军事行动，西林教案和亚罗号事件就是英法联军的导火线。咸丰六年正月二十四日（1856年2月29日），法国传教士马赖（Auguste Chapdelaine, 1814－1856）神父在广西西林为知县张鸣凤所杀。同年八月二十八日（1856年9月26日），中国划艇亚罗（Arrow）号在香港注册期满。同年九月初十日（1856年10月8日），广东水师千总梁国定搜查私运鸦片的亚罗号划艇，拘捕内地水手李明太等十二人，拔去艇上所挂英国国旗。英领事巴夏礼（Sir Harry Smith Parkes, 1828—1885）抗议，要求释放水手。九月十四日（1856年10月12日），巴夏礼再向两广总督叶名琛抗议，除了释放水手外，并要求交还划艇，尊重英旗，向英国道歉。九月二十四日（1856年10月22日），叶名琛释放水手十二名，不允道歉。九月二十五日（1856年10月23日），英国海军进攻广州。咸丰七年四月十六日（1857年5月9日），法国外部训令法使葛罗（Baron Jean Baptiste Louis Gros, 1793—1870）向清朝政府要求解决西林教案，修改条约，北京驻使等等。

咸丰八年四月初五日（1858年5月17日），清朝政府拒绝英法赔款、增开口岸、派使入京、内地传教游历等项要求。四月初六日（1858年5月18日），英法专使决定以武力解决，派军占领大沽炮台。咸丰九年二月二十五日（1859年3月29日），清廷允许英法使臣在北京换约。同年五月二十四日（1859年6月24日），英使卜鲁斯（Sir Frederick William Adolphus Bruce, 1814—1867）到天津，不遵原约，阑入大沽口内，毁坏防御工事。咸丰十年五月初八日（1860年6月26日），英法政府通告欧美各邦对清宣战。英法联军攻陷天津，直驱京师。八月二十二日（1860年10月6日），英法联军进逼德胜门，击败科尔沁亲王僧格林沁军队，法军进占圆明园，大肆抢掠，焚毁殿座，总管内务府大臣文丰自尽，恭亲王奕䜣等走万寿山。八月二十三日（1860年10月7日），英军进入圆明园，加入抢掠，清漪园等处陈设，多遭英法军队及匪徒洗劫掠夺，恭亲王奕䜣自万寿寺走芦沟桥。八月二十四日（1860年10月8日），英军和法军抢掠静明园。八月二十八日（1860年10月12日），恭亲王奕䜣照会英法使臣抗议抢掠圆明园。

圆明园被英法军队大肆抢掠焚毁，僧格林沁未能救护，奉旨革职。九月初三日（1860年10月16日），英使额尔金（Earl of Elgin and Kincardine James Bruce Elgin, 1811－1863）及英军统领克兰忒（General Sir James Hope Grant, 1808－1875）下令拆毁圆明园宫殿。九月初五日（1860年10月18日），英军第一师奉额尔金之命，焚烧圆明园。清漪、静明、静宜三园大火，三日始熄。《翁同龢日记》记载，园林之火徒行十里始得免。圆明园在熊熊烈火下，化为灰烬。

《翁同龢日记》记载咸丰十年八月二十二日（1860年10月6日），淀园已被英军和法军蹂躏。八月二十六日（1860年10月10日），海淀、老虎洞、挂甲潭等处房屋被焚，英军和法军向大宫门开两炮。九月初五日（1860年10月18日），"夷人忽以监毙六人为词，于二百万外又索十万，宣言若不先偿此费，即拔毁宫观园林，并合城百姓不免伤害等语，限七日回文"。九月初六日（1860年10月19日），"烟焰未熄，乃三山宫殿及高明寺被毁也"。九月初五日（1860年10月18日），法使照会五件，其中一件云："奉钦差大将军克谕，须烧毁圆明园。照会甫到，而三山火起矣。"三山即万寿山、玉泉山、香山。《翁同龢日记》九月十八日（1860年10月31日）条记载，法国通事见恭邸，执礼甚恭，定于此两日内退兵。英国则无退兵日期。凡圆明园的书画宝器及批折册档，尽为英国所有。郭廷以编著《近代中国史事日志》记载，英军统领克兰忒将军在圆明园抢掠物品拍卖，售价及抢掠现金约九万三千金元，以三分之二归士兵，三分之一归将领。

清漪园等处殿宇房间陈设被焚抢后，总理衙门大臣侍郎宝鋆等曾亲往查看，并派内务府郎中文炤、纶增会同清漪园郎中文明等前往各园按照内务府印册详细清查。咸丰十年十月二十五日（1860年12月7日），宝鋆具折奏报清查陈设数目。原折指出，清漪园等处原存陈设八万七千七百八十一件内，失去陈设七万五千六百九十二件，现存完整陈设九千五百九十六件，破坏不全陈设二千四百九十三件。其中铜陈设并未含铜佛、铜供器等项。三园殿宇陈设文物，大量损失，文物浩劫，令人遗憾。

木兰巡幸

咸丰十年七月初十日（1860年8月26日），因英法使臣态度强硬，决定采取军事行动，科尔沁亲王僧格林沁奏请咸丰皇帝巡幸木兰。是年七月二十三日（1860年9月8日），英军统领克兰忒照会桂良定于翌日统军进向通州。七月二十四日（1860年9月9日），僧格林沁又以密折奏请咸丰皇帝巡幸木兰，奉朱批将亲率六军驻跸通州，命军机大臣、御前大臣等会议。军机大臣、御前大臣等遵旨议覆，略谓澶渊之功难恃，土木之变堪虞，是以谏阻亲征，奏请车驾还宫，以坚众志。但因京城兵力不足，毫无可守，惟有巡幸一途。

咸丰十年八月初八日（1860年9月22日），咸丰皇帝自圆明园北走，巡幸木兰，命皇长子等随驾，吉林、黑龙江兵奉命折往热河护驾。是日，驻跸南石槽行宫。初九日（1860年9月23日），驻跸密云县行宫。初十日（1860年9月24日），驻跸要亭行宫。十一日（1860年9月25日），驻跸巴克什营行宫。十二日（1860年9月26日），驻跸两间房行宫。十三日（1860年9月27日），驻跸常山峪行宫。十四、十五日（1860年9月28、29日），驻跸喀拉河屯行宫。十六日（1860年9月30日），抵达热河行宫避暑山庄。

避暑山庄是清朝的第二个政治中心，康熙年间以来，皇帝驻跸热河行宫期间，依旧日理万机，勤于政务。咸丰皇帝巡幸木兰后，虽然有传北京戏班的传闻，或花唱，或清唱，几于两三日即演戏一次，每次戏目角色，均由朱笔决定，清歌妙舞，纵情声色，乐不思蜀，缺乏忧患意识。其实，咸丰皇帝巡幸木兰期间，也是勤理政务，披览奏折，从不假手于人。台北故宫博物院现藏咸丰朝《宫中档》朱批奏折共计一万七千余件,其中元年、二年、九年、十年、十一年份较齐全。自咸丰十年(1860)九月至十一年(1861)六月止,包括朱批奏折、奏片及清单,共计二千八百余件,平均每天约须批阅奏折九件至十件,臣工奏折所奉朱批颇详尽。

咸丰十年九月初四日(1860年10月17日),和硕豫亲王义道奏折奉朱批:"朕视满蒙臣仆原无二致,何必妄自分别。况此次夷务失炮台者僧格林沁,非瑞麟也。又非终身废弃,更何必代为乞恩,此折若系汝一人之见不过识见未充,情尚可恕。若系与留京守城诸人商酌具奏,借乞他人之恩掩己之畏葸之罪,更属非是。"僧格林沁、瑞麟被革职后,和硕豫亲王义道,以瑞麟身握重兵,节节退避,畏葸无能,僧格林沁屡著战功,所以请求咸丰皇帝格外施恩,赏还僧格林沁的爵职。

咸丰十年九月二十五日(1860年11月7日),因节届立冬,正当收养贫民之际,工部尚书张祥河等具折奏请赏给米石以资接济。原折奉朱批:"今岁近畿百姓猝遭兵燹,深堪悯恻,若仍照向章收养,难免茕独无告者仍丧于沟渎之中,朕心甚为廑念,著总理行营王大臣速行酌议,应加赏米石若干,并五城粥厂应提早开放之处,一并迅筹具奏。"提早开放粥厂,加赏米石,收养贫苦无依老人,都是人君解民倒悬的重要措施,原折批谕反映了咸丰皇帝对黎民的关怀。

咸丰十年十一月初八日(1860年12月19日),僧格林沁奏报督带马步官兵相机攻剿捻军情形。原折奉朱批:"另有旨,现在夷务虽平,而捻逆各匪意图北犯,实在意中,倪汝军深入捻巢,渐次扫除,亦非一战即可成功,若旷日持久,致该逆侦知我无后劲,绕路北窜,彼时汝军反为贼所隔,欲回无路可绕,即使能绕出贼前,亦恐将为强弩之末,不能贯鲁缟,岂不有关天下全局,诚非浅鲜。现在返〔反〕覆熟思,汝仍应遵前旨坐镇山东以杜其窥伺之心,断难轻于一试,致误全局。"孤军深入,既无后援,成为强弩之末,轻于一试,必误全局。咸丰皇帝以天下全局为重，从战略分析，洞见症结，其指授方略，都是经过反复熟思后批示的旨意。

咸丰十一年二月十一日（1861年3月21日），前任内阁学士兼礼部侍郎衔庞钟璐奏陈江苏办理团练情形。原折奉朱批："苏省黎民皆吾赤子，沦陷于贼，已非一日，现在集团进剿，其愤积于衷，早思自奋者，自不乏人，著设法令被胁难民咸知德意，有能杀一逆首，并能内外夹攻者，优加奖励，以期廓清有日。"太平军控制江苏等省后，各省办理团练，对进剿太平军提供了不容忽视的武力。咸丰皇帝朱批谕旨反映结合被胁难民的重要作用。

中外交涉的原则，咸丰皇帝主张坚守和约，态度强硬，不可稍涉通融。咸丰十一年五月初一日（1861年6月8日），仓场侍郎成琦、吉林将军景淳奏报由吉林省城启程前赴兴凯湖与俄罗斯专使会勘分界日期。原折奉朱批："知道了，事事总宜坚守和约，勿得稍涉通融，此次驳饬尚属得体。细阅该国照会，文义虽不明晰，但恐该国先至兴凯湖，任意侵占在汝等未到之前，返〔反〕以道路艰难为体恤见好地步，无论如何梗阻，汝等必应至该处，以期两国无争，以后不至别生枝节。"俄罗斯任意先行侵占清朝疆土，鲸吞蚕食。从咸丰皇帝的朱批旨意，有助于了解中俄交涉的决策过程。咸丰皇帝披览奏折，或谆谆训诲，或指授方略，亲手批谕，一字不假手于人，就是勤政的表现，虽然北巡避暑山庄，依旧日理万机。现存咸丰朝最后一件朱批奏折是咸丰十一年七月十四日（1861年8月19日）宗人府宗令和硕怡亲王载垣等奏折。原折以新放开原城守尉宗室赓瑞呈请将其子文焕等二人带往任所，载垣等具折请旨。原折奉朱批："准其带往。"帝躬濒危，仍然亲书朱批谕旨。

清朝政府与英、法等国签订《北京条约》后，臣工纷纷奏请咸丰皇帝回京，但未被接受。咸丰十年十月初一日（1860年11月13日），给恭亲王奕䜣的寄信上谕，对暂缓回銮的原因，作了说明，这道上谕的内容如下：

> 本日据恭亲王奕䜣等合词吁请回銮一折，览奏具见悃忱，业经明降谕旨宣示矣。惟此次夷人称兵犯顺，恭亲王等与之议抚，虽已换约，此次万不得已允其所请。然退兵后而各国夷酋尚有驻京者，且亲递国书一节，既未与该夷言明，难保不因朕回銮，再来饶舌。诸事既未妥协，设使朕率尔回銮，夷人又来挟制，朕必将去而复返，频数往来，于事体殊多不协。且恐京师人心震动，更有甚于八月初八日（1860年9月22日）之举。该王大臣等奏请回銮，固系为镇定人心起见，然反复筹思，只顾目前之虚名，而贻无穷之后患，且木兰巡幸，系循祖宗旧典，其地距京师尚不甚远，与在京无异，足资控制。朕意本年暂缓回銮，俟夷务大定后，再将回銮一切事宜办理，所有各衙门引见人员及一切应办事件，均查照木兰旧例遵行办理。至前派应行前赴行在者，著即饬前来。其各衙门办事之堂司各官，均著赶紧清理积压诸事，勿少稽延。再本年回銮之举，该王大臣等不准再行渎请，将此由六百里谕令知之。

中外交涉虽已换约，咸丰皇帝认为诸事多未妥协，故暂缓回銮，后世史家以其畏见驻京洋人为主要原因。然而洋务告一段落后，诸事既已大定，咸丰皇帝降旨于咸丰十一年二月十三日（1861年3月23日）回銮。不料因圣躬偶抱微疴，于二月初十日（1861年3月20日）颁降谕旨改于二月二十五日（1861年4月4日）启銮。二月二十二日（1861年4月1日），又以圣躬尚未大安，王大臣奏请暂停回銮。萧一山《清代通史》一书指出，奕䜣体质素弱，病咯血之症，日饮鹿血以疗之，北走热河途中，病泻且呕血。诚然，咸丰皇帝圣躬并不康泰，咸丰十一年（1861）六月中旬，病情转剧。七月十五日（1861年8月20日），病又加增。七月十六日（1861年8月21日），晚膳后，忽然晕厥，至晚甦转。召见载垣等王大臣立大阿哥载淳为皇太子。七月十七日（1861年8月22日），病情恶化，膳房侍候上传冰糖燕窝，但未及进用，是日寅刻崩于避暑山庄烟波致爽殿。据御医所记脉案，咸丰皇帝实患虚痨，以致宾天。《清史稿·文宗本纪》论曰："文宗遭阳九之运，躬明夷之会。外强要盟，内孽竞作，奄忽一纪，遂无一日之安。而能任贤擢材，洞观肆应。赋民首杜烦苛，治军慎持驭索。辅弼充位，悉出庙算。向使假年御宇，安有后来之伏患哉？"咸丰皇帝任贤擢材，政治、军事决策，悉出庙算，同治中兴名臣就是在咸丰年间淬砺出来的人才。咸丰皇帝虽遭阳九之运，但终能转危为安，倘若能假年御宇，安有后来的辛酉政变，或垂帘听政？

咸丰皇帝事典

年　表（1831－1861）
辞条解释（754条）

公元	年号	大事记
1831	道光十一年	六月初九日，皇四子**奕詝诞生**。
1836	道光十六年	正月二十七日，皇四子**奕詝受书**于杜受田。
1836	道光十六年	是年，广东花县人洪秀全年二十四岁，再赴广州应试，仍不第，得基督教徒梁学善《劝世良言》小册。
1846	道光二十六年	六月十六日，宣宗亲书奕詝名，**预立储贰**。
1850	道光三十年	正月十四日，**宣示朱谕**，立皇四子奕詝为皇太子。

奕詝诞生 清文宗咸丰皇帝，讳奕詝，宣宗道光皇帝第四子，道光十一年六月初九日（1831年7月17日）丑时，诞生于圆明园湛静斋。母孝全成皇后钮祜禄氏，原任乾清门二等侍卫世袭二等男追封承恩公颐龄之女。

奕詝受书 道光十六年（1836），皇四子奕詝六岁，开始就傅，受书于洗马杜受田。杜受田是山东滨州人，道光三年进士，会试第一，殿试二甲第一，改翰林院庶吉士。六年，散馆，授编修。十五年七月，升司经局洗马。十六年正月二十七日（1836年3月14日），奉命在上书房行走，授皇四子奕詝读书。

预立储贰 道光二十六年六月十六日（1846年8月7日），清宣宗遵照储位密建法，亲书皇四子奕詝名，预立储贰。

宣示朱谕 道光三十年正月十四日（1850年2月25日），宣宗居圆明园慎德堂，召宗人府宗令载铨，御前大臣载垣、端华、僧格林沁，军机大臣穆彰阿、赛尚

1850—1850

1850	道光三十年	正月十七日，**封诸弟为王**，奕䜣为恭亲王，奕譞等为郡王。
1850	道光三十年	正月二十五日，派正副使前**往朝鲜国颁遗诏**。
1850	道光三十年	二月初五日，添派大臣营**建昌西陵**。
1850	道光三十年	二月初十日，谕令广西巡抚郑祖琛协**剿李沅发**。

阿、何汝霖、陈孚恩、季芝昌，内务府大臣文庆，宣示密建储贰朱谕，立皇四子奕詝为皇太子。同日，宣宗宾天。正月二十六日（1850年3月9日），奕詝即皇帝位于太和殿，以明年为咸丰元年（1851）。

封诸弟为王 道光三十年正月十七日（1850年2月28日），封皇六弟奕䜣为恭亲王，皇七弟奕譞封为醇郡王，皇八弟奕詥封为钟郡王，皇九弟奕譓封为孚郡王。

往朝鲜国颁遗诏 道光三十年正月二十五日（1850年3月8日），派刑部左侍郎全庆为正使，镶蓝旗满洲副都统联顺为副使，前往朝鲜国颁宣宗遗诏。

建昌西陵 孝和睿皇后钮祜禄氏，于嘉庆六年（1801）册立为皇后。嘉庆二十五年，宣宗嗣位，尊为皇太后。道光二十九年十二月十一日（1850年1月23日）崩。道光三十年二月初五日（1850年3月18日），添派都察院左都御史柏葰、内务府大臣基溥营建易县昌西陵，为孝和皇后山陵。

剿李沅发 湖南新宁县人雷再浩组织棒棒会，盘踞湖南与广西两省交界地方。道光二十七年（1847），新宁县人李沅发随同雷再浩起事失败。道光二十九年，李沅发另组把子会，以劫富济贫相号召。同年十月起事，攻占新宁县城。道光三十年正月，

1850	道光三十年	二月十七日，通谕沿海**整顿水师**，认真巡缉。
1850	道光三十年	三月十九日，江苏白茆河淤塞，奉准**移建海口石闸**于老闸桥。
1850	道光三十年	四月初三日，准俄罗斯于伊犁、塔尔巴哈台**通商贸易**。

进攻广西融县，永宁等地。同年二月初十日（1850年3月23日），以李沅发窜扰黔、桂边境，谕令广西巡抚郑祖琛、贵州巡抚乔用迁协力防剿。四月二十三日（1850年6月3日），李沅发兵败被擒。五月初六日（1850年6月15日），谕令郑祖琛将李沅发槛送京师。八月十七日（1850年9月22日），李沅发伏法。

整顿水师 因御史王本梧条奏浙省水师，废弛已极，兵则怠惰偷安，官则因循推诿，且有吸食鸦片烟者，间或搜捕零匪塞责，遇大帮洋盗，不敢过问等语。道光三十年二月十七日（1850年3月30日），通谕沿海各省，整顿水师，于巡逻缉捕，认真讲求。

移建海口石闸 江苏白茆河因年久淤塞，海口石闸启闭不能见功，道光三十年三月十九日（1850年4月30日），经江苏巡抚傅绳勋奉准挑浚白茆河，将海口石闸移建于距海较远之老闸桥地方。

通商贸易 道光二十九年十二月（1850年1月），护送俄罗斯喇嘛、学生来京换班之玛雨尔呈递萨纳特衙门咨文，以生齿日繁，在恰克图贸易货物，实不敷用，请准于伊犁、塔尔巴哈台、喀什噶尔三处添设贸易，一并通商。道光三十年四月初三日（1850年5月14日），经理藩院议覆，喀

1850	道光三十年	四月十一日，户部疏陈**整顿财政**，奉旨实力剔除。
1850	道光三十年	四月十八日，以英人欲赴天津**呈递公文**，命两江总督等开导晓谕。
1850	道光三十年	四月二十三日，密谕直隶总督**接收英人文书**。

什噶尔为中国极边之地，商人运货艰难，每至赔累，添设贸易之请，窒碍难行，毋庸再议。伊犁、塔尔巴哈台二处，距俄罗斯边城较近，货物流通，通商贸易，不无小补，奉旨准予添设贸易。四月初四日（1850年5月15日），理藩院咨覆俄罗斯选派晓事大员带同通事前赴伊犁，与伊犁将军萨迎阿等公同定议。

整顿财政 大学士耆英条奏理财之要，以地丁、盐课、关税为岁入大端，以兵饷、河工为岁出之大端，耆英胪陈各弊，道光三十年四月十一日（1850年5月22日），经户部核覆，通谕直省督抚、河道总督、盐政、各关监督查照户部指出各弊，实力剔除，禁革陋规浮费。

呈递公文 道光三十年三月十六日（1850年4月27日），英使文翰（Sir Samuel George Bonham, 1803—1863）以广州进城问题，自粤北驶，欲投递照会。三月二十八日（1850年5月9日），两江总督陆建瀛具奏，英使以进城一事，求递大学士穆彰阿、耆英咨文，不肯在上海守候，欲赴天津。四月十八日（1850年5月29日），军机大臣遵旨密寄上谕，命陆建瀛查照咨文内各种情节逐层详加开导，挂帆南驶。

接收英人文书 道光三十年四月十九日（1850年5月30日），英使文翰派麦华陀（Sir Walter Henry Medhurst, 1823—1885）到天津口外

1850	道光三十年	五月初六日，命直省督抚**考核州县**。
1850	道光三十年	五月初六日，命广西巡抚郑祖琛**严拏会党**。
1850	道光三十年	五月二十日，**改山东登州镇为水师**。
1850	道光三十年	五月二十二日，诏东南两河**会勘民堰**。

投递文书。四月二十三日（1850年6月3日），密谕直隶总督讷尔经额派委文武员弁剀切开导，速回粤东，倘或坚持不肯回帆，讷尔经额即接收文书，由驿驰递，并令沿海各处，严密防堵。四月二十八日（1850年6月8日），清河道陈之骥等接见麦华陀，拒收投文。五月初二日（1850年6月11日），陈之骥再晤麦华陀，劝令回上海听信，英船南返。

考核州县　州县为亲民之官，抚字催科，责任綦重。吴钟骏奏请慎择州县一折指出近年以来，登进冒滥，流品猥杂，恃胥吏为腹心，胺阎膏血，以致政治堕坏，民生穷蹙。道光三十年五月初六日（1850年6月15日），通谕直省督抚等留心察访州县，严加考核，庶民困渐苏。

严拏会党　道光三十年五月初六日（1850年6月15日），以广西马平、迁江、贵县、永福、永安等州县会党四起，命广西巡抚郑祖琛督率文武员弁奋力严拏，分路掩捕。

改山东登州镇为水师　道光三十年五月二十日（1850年6月29日），诏改山东登州镇为水师总兵，兼辖陆路。

会勘民堰　道光三十年五月二十二日（1850年7月1日），以寨子民堰添建滚水石坝工程，既经河漕督臣会同勘明，自应及时兴建。是日，诏东南两河会同履勘，将滚水石坝建于何地？囊沙

1850	道光三十年	六月初三日，以**永定河漫溢**，议处失职人员。
1850	道光三十年	六月十六日，广西**三合会**进扰贵县龙山墟。
1850	道光三十年	六月十九日，以**两广盗匪**充斥，命两广督抚等分路缉拏，合力围捕。

引渠应否改为减闸之处？秉公商榷，详核妥议，联衔具奏。

永定河漫溢 永定河原名无定河，即桑干河下游，源出山西天池。康熙中，疏筑兼施，筑南、北堤，赐名永定。道光三十年五月二十五日（1850年7月4日），上游山水下注，大清河水，又复同时并涨，永定河北遥堤，因地势低洼，以致北七工八九两号相连处所，堤顶漫溢三十余丈，由旧减河径母猪泊注凤河。六月初三日（1850年7月11日），直隶总督讷尔经额奏请议处防护不力人员，奉旨东安县主簿郑庆恬革职，北岸通判徐敦义摘去顶戴，责令随工效力。经挑挖引河，补筑长堤，同年十月初六日（1850年11月9日）因永定河缺口合龙，命直隶总督讷尔经额将在工各员择其尤为出力及捐数较多者酌量保奏。

三合会 天地会是由异姓结拜组织发展而来的会党，三合会是属于天地会系统的会党。道光三十年六月十六日（1850年7月24日），广西三合会首领覃香晚、陈亚贵、李亚金等率众进扰贵县龙山墟。六月二十一日（1850年7月29日），自贵县入武宣。七月十九日（1850年8月26日），陈亚贵连陷广西修仁、荔浦。八月初八日（1850年9月13日），以陈亚贵逼近桂林省垣，命两广总督徐广缙先调广东兵一二千名，兼程前往剿办。

两广盗匪 两广盗匪充斥，掳人

		1850-1850
1850	道光三十年	六月二十六日,上海《北华捷报》出版。
1850	道光三十年	七月初一日,命沿海督抚**筹办海防**,严密修备。
1850	道光三十年	七月十八日,命沿海各省督抚**预防英人**。

勒赎,分界打单,始于顺德、新会,渐及番禺、东莞,廉州之钦州、灵山,广西横州等处,伙众抢掠,猖獗无状,扰害闾阎。道光三十年六月十九日(1850年7月27日),命两广总督徐广缙、广东巡抚叶名琛、广西巡抚郑祖琛派委员弁,分路缉拏,合力围捕,以卫居民,而安行旅。

北华捷报 上海《北华捷报》（North China Herald）属于一种周刊,即《字林西报》前身,创办人为英人奚安门（Henry Shearman,?－1856）,道光三十年六月二十六日(1850年8月3日),上海《北华捷报》创刊号出版。

筹办海防 安徽布政使蒋文庆奏陈洋务,筹办海防,沿海各营将备弁兵,于海洋必亲习风涛,于炮火必亲习点放,于船只器械火药,必力求坚致精利,日日训练讲求。沿海各郡守牧令,平时应与绅民讲求联络,力行团练之法,并仿照台湾定制,凡海疆道府,皆得与闻兵事。道光三十年七月初一日(1850年8月8日),以英人鸱张,命沿海各督抚按照蒋文庆原奏,悉心体察,认真筹办海防。

预防英人 前漕运总督周天爵密奏英人和不可恃,宜思患预防,原折夹片密陈兵事。道光三十年七月十八日(1850年8月25日),命沿海督抚各就地方情形,悉心体察,不动声色,慎密筹防。

1850	道光三十年	七月二十一日，坐延请道士治病，吏部尚书**文庆等革职**。
1850	道光三十年	七月二十五日，不准**英人违约居住福州城内**及采购台湾煤炭。
1850	道光三十年	八月初八日，**英船遭风**，船员被杀。
1850	道光三十年	八月二十七日，**河南捻匪劫掠**横行，命督抚严捕。

文庆等革职 道士薛执中擅长按摩工夫，讲求坐静。道光三十年七月二十一日（1850年8月28日），以道士薛执中屡次改名易装，藉医招摇，行踪诡秘，到处煽惑人心，所写书信，擅议时政，妄谈休咎，情词狂悖，奉旨斩监候，秋后处决。宗室奕纪辀从薛执中学习坐静按摩工夫，复听其在家求雨，奉旨发配吉林，交吉林将军管束。吏部尚书文庆延请薛执中治病，学习按摩，步军统领福济不立时缉拏究办，护军统领丰绅在新疆办事大臣任内曾因薛执中宣讲按摩法，募给银两，文庆、福济、丰绅一并革职。

英人违约居住福州城内 因英人租赁福建省城神光寺，侯官县知县遽将租约用印，士民迭次呈控，道光三十年七月二十五日（1850年9月1日），命闽浙总督刘韵珂、福建巡抚徐继畲妥为晓谕，不惟城内房屋未便听其居住，即城外租赁地方，亦须查照成约，妥为安置。至洋人欲求采购台湾鸡笼山煤炭，正词拒绝后，当密饬文武，加意防备。同年十二月二十日（1851年1月21日），福州英人迁至道山观，交还神光寺房屋。

		1850－1850
1850	道光三十年	八月二十八日，广西贵县**来土械斗**，伤毙多命。
1850	道光三十年	九月初八日，以广西会党猖獗，调兵赴剿，**举办团练**。
1850	道光三十年	九月十三日，**起林则徐为钦差大臣**，办理广西剿抚事宜。
1850	道光三十年	十月初一日，广西桂平县金田村**拜上帝会起事**。

英船遭风 道光三十年八月初八日（1850年9月13日），英船Larpent号在台湾遭风触礁，船员数十人被台湾生番杀害俘获。

河南捻匪劫掠 道光三十年八月二十七日（1850年10月2日），以河南捻匪结党成群，为害地方，窜入邻省，劫掠横行，命河南等省督抚不分畛域，随时严捕。

来土械斗 广西贵县北岸来人系来自广东嘉应州之客家，土人即贵县本地人。道光三十年八月二十八日（1850年10月3日），贵县北岸温姓来人强娶土人女为妾，来土不睦，发生械斗，多人毙命。

举办团练 道光三十年九月初八日（1850年10月12日），以广西会党猖獗，其势蔓延，调湖南、贵州兵各二千名赴广西进剿，并命徐广缙等劝谕绅士商民举办团练，出资协助，有裨军需。

起林则徐为钦差大臣 道光三十年九月十三日（1850年10月17日），以广西不靖，动乱扩大，民不聊生，起用前任云贵总督林则徐为钦差大臣，颁给关防，驰赴广西，会同广西巡抚郑祖琛、广西提督向荣等悉心剿抚。

拜上帝会起事 道光三十年十月初一日（1850年11月4日），拜上

49

1850—1850

1850	道光三十年	十月二十八日，大学士**穆彰阿褫职**，协办大学士耆英降员外郎。
1850	道光三十年	十一月十二日，**命李星沅为钦差大臣**，赴广西办理剿捕事务。
1850	道光三十年	十一月十七日，命各省藩库积存杂款，**拨充军需**，暂缓开捐。

帝会杨秀清、萧朝贵、韦昌辉、石达开、秦日纲在广西桂平县金田村起事，洪秀全、冯云山等由平南花洲进攻思旺墟，蒙得恩等亦由平南趋金田。拜上帝会起事后，平南、贵县、武宣、陆川、博白等地，同时响应。

穆彰阿褫职 道光三十年十月二十八日（1850年12月1日），以大学士穆彰阿保位贪荣，妨贤病国，倾排异己，肆行无忌，遇事模棱；协办大学士耆英无耻丧良，同恶相济，固宠窃权，畏葸无能。是日，颁朱笔特谕，穆彰阿革职，永不叙用；耆英降为五品顶戴，以六部员外郎候补。

命李星沅为钦差大臣 道光三十年十月十九日（1850年11月22日），钦差大臣林则徐卒于广东潮州途次。同年十一月十二日（1850年12月15日），命前两江总督李星沅为钦差大臣，颁给关防，驰驿迅赴广西，办理剿捕事务。同日，命周天爵署理广西巡抚。

拨充军需 道光年间，因两粤用兵及常年支放等项，需费浩繁，户部请开筹饷捐例。道光三十年十一月十七日（1850年12月20日），命暂缓开捐，就各省藩运两司及关道于例拨诸款外，其留支待用及杂款各项银两中，每省或四五十万，或二三十万，酌定数目，一面奏闻，一面起解，以拨充军需。

		1850—1851
1850	道光三十年	十一月二十八日,广西**贵县来民**入拜上帝会。
1851	道光三十年	十一月二十九日,洪秀全大**破黔桂军**于桂平蔡村。
1851	道光三十年	十二月初十日,**太平天国**正式建号。
1851	道光三十年	十二月十二日,通谕各省以《御纂性理精义》、《**圣谕广训**》为课读讲习之要。

贵县来民 广东客家徙居广西后,当地人称外来客家移民为来民或来人。道光三十年十一月二十八日(1850年12月31日),广西贵县来民数千,愤恨广西土人欺凌,械斗不胜,房舍多被焚毁,遂挈家走桂平,入拜上帝会。

破黔桂军 道光三十年十一月二十二日(1850年12月25日),拜上帝会杨秀清、萧朝贵、韦昌辉等自桂平金田村进攻平南思旺墟,为洪秀全解围。十一月二十八日(1850年12月31日),贵县来人数千投归桂平紫荆山拜上帝会。十一月二十九日(1851年1月1日),洪秀全、胡以晃自广西平南思旺墟合桂平金田村之杨秀清、冯云山、韦昌辉、石达开、秦日纲及贵县来投之客家人于桂平蔡村大破贵州镇远镇总兵周凤岐、浔州协副将李殿元,阵毙清江协副将伊克坦布、千总田继寿、把总潘继邦、外委彭昌镛等。十二月二十二日(1851年1月23日),奉旨,伊克坦布照总兵例赐恤,同时阵亡千把总等照例议恤。

太平天国 道光三十年十二月初十日(1851年1月11日),杨秀清等在广西桂平县金田村为洪秀全祝寿,太平天国正式建号,洪秀全称天王。

圣谕广训 道光年间,清宣宗曾将《圣谕广训》黜异端以崇正学一条编撰四言韵文,颁行各省。

1851	道光三十年	十二月十二日，命伊犁将军奕山酌定**俄罗斯通商条例**以闻。
1851	道光三十年	十二月十三日，敕江苏苏州、松江、常州、太仓**漕粮海运**。
1851	咸丰元年	正月初一日，**豁免民欠**，各省道光三十年以前民欠钱粮全行豁免。
1851	咸丰元年	正月初四日，命杜受田将《**履信书屋全集**》

道光三十年（1850），两江总督陆建瀛以邪教蔓延各省，奏请崇正学以黜邪教。是年十二月十二日（1851年1月13日），清文宗通谕直省督抚会同学政转饬地方官及各学教官于书院家塾教授生徒时，均令以《御纂性理精义》、《圣谕广训》为课读讲习之要。

俄罗斯通商条例 萨迎阿入京后，奕山接任伊犁将军。道光三十年十二月十二日（1851年1月13日），命奕山将伊犁、塔尔巴哈台二处添设贸易，进卡出卡人数、牲畜货物多寡、拨兵接护等事宜，广谘博采，逐细斟酌，公同商榷，订立俄罗斯通商条例以闻。

漕粮海运 道光三十年十二月十三日（1851年1月14日），因两江总督陆建瀛等具折奏请将白粮照案海运，是日奉旨，江苏苏州、松江、常州三府及太仓州应征道光三十年白粮正耗米七万二千石，准其援照道光二十六年成案由海运赴天津，其天津剥船等费及沙船水脚耗米运费仍照成案由各津贴款内支用。

豁免民欠 咸丰元年正月初一日（1851年2月1日），诏所有各省节年民欠正耗钱粮及因灾缓征带征银谷，并借给籽种口粮牛具及漕项、芦课、学租、杂税等项即著各省督抚将军府尹等将道光三

		校勘编次。
1851	咸丰元年	正月初八日，**杜受田呈递奏单**，发军前妥办。
1851	咸丰元年	正月二十四日，诏翰詹诸臣**撰拟讲义**，分日进呈。
1851	咸丰元年	正月二十五日，**英人在琉球**逗留，命徐广缙开导撤回。

十年（1850）以前实欠在民者，查明开单具奏，降旨全行豁免。

履信书屋全集 咸丰元年正月初四日（1851年2月4日），军机大臣、南书房、翰林合词奏请将《履信书屋全集》刊刻颁行，以惠艺林。同日，内阁奉上谕，命杜受田将履信书屋诗文稿本重为校勘编次进呈。

杜受田呈递奏单 咸丰元年正月初八日（1851年2月8日），因协办大学士杜受田呈递奏单，缕陈两粤军情，并拟整军威、募精勇、劝乡团、察地形、务解散五条，命发军前，交李星沅等按照单内所陈，详加采择，认真妥办。

撰拟讲义 咸丰元年正月二十四日（1851年2月24日），诏于翰詹诸臣轮流选派，亲命题目，各拟讲义，分日进呈，既可以古为鉴，且以观诸臣器识学问，为量能授任之资。

英人在琉球 道光三十年（1850），以琉球英人伯德令尚未撤回，命两广总督徐广缙向英使文翰劝谕。因伯德令仍在琉球逗留，尚未撤回，琉球国使臣到礼部呈递禀文，恳求开导撤回。咸丰元年正月二十五日（1851年2月25日），命徐广缙再向文翰相机开导，速将伯德令及其妻子一律撤回。

1851	咸丰元年	二月十一日，**太平军入武宣**。
1851	咸丰元年	二月二十一日，天王**洪秀全在武宣登极**。
1851	咸丰元年	二月二十三日，诏廓尔喀请进**登极表贡**统俟咸丰二年例贡一同呈进。
1851	咸丰元年	二月二十八日，命四川、河南、广东等省**查禁邪教**。
1851	咸丰元年	三月初八日，颁发浙江**法喜寺匾额**。

太平军入武宣 咸丰元年二月初三日（1851年3月5日），太平军自大黄江袭击向荣大营。二月初八日（1851年3月10日），因向荣等官兵连日猛攻，东进被阻，太平军焚大黄江，退往桂平新墟金田，向荣夺占牛排岭。二月十一日（1851年3月13日），太平军自桂平紫荆山经大塘入武宣东乡。

洪秀全在武宣登极 咸丰元年二月十七日（1851年3月19日），太平军三路前进，败广西巡抚周天爵、提督向荣于武宣东岭村，周天爵退守三里墟。二月二十一日（1851年3月23日），太平天国天王洪秀全在广西武宣登极。

登极表贡 咸丰元年二月二十三日（1851年3月25日），命驻藏办事大臣穆腾额檄谕廓尔喀国王，所请进呈登极表贡，统俟咸丰二年同时呈进，以省跋涉之劳。

查禁邪教 因河南祥符县有吴光汉称赤天大王，四川綦江县有马武成称赤地大王，广东英德县有李三文称赤人大王，均为邪教总目之首。咸丰元年二月二十八日（1851年3月30日），命军机大臣寄信四川、两广、河南督抚查拏惩办。

法喜寺匾额 咸丰元年三月初八

		1851—1851
1851	咸丰元年	三月初九日，命大学士**赛尚阿驰往湖南办理防堵**。
1851	咸丰元年	四月初二日，谕伊犁将军**拒俄人喀什噶尔贸易**之请。
1851	咸丰元年	四月初二日，命**赛尚阿驰赴广西接办军务**。
1851	咸丰元年	五月初二日，因太平军入象州，**周天爵革总督衔**。

日（1851年4月9日），以浙江天竺山法喜寺观音大士祷雨祈晴，屡昭灵应，清文宗亲书匾额一面交浙江巡抚常大淳敬谨悬挂。

赛尚阿驰往湖南办理防堵　咸丰元年三月初二日（1851年4月3日），向荣等分路进攻武宣东岭、台村、三里墟，复为太平军所败。三月初九日（1851年4月10日），命大学士赛尚阿驰往湖南办理防堵事宜，镶黄旗蒙古都统巴清德、镶白旗满洲副都统达洪阿随往协同办理。三月初十日（1851年4月11日），颁给大学士赛尚阿钦差大臣关防。

拒俄人喀什噶尔贸易　咸丰元年四月初二日（1851年5月2日），以喀什噶尔过于辽远，货少商稀，俄罗斯于喀什噶尔添设贸易之请，窒碍多端，谕伊犁将军奕山拒俄罗斯于喀什噶尔添设贸易之请，坚持定见，理直气壮，勿为恫吓之词所夺，遽行草率定议，迁就曲从。其伊犁、塔尔巴哈台两处添设贸易，亦当妥议章程，面面顾到，以期经久无弊。

赛尚阿驰赴广西接办军务　咸丰元年四月初二日（1851年5月2日），命钦差大臣赛尚阿行抵楚粤之交，即驰赴广西军营，接办

1851—1851

1851	咸丰元年	五月初七日，谕赛尚阿酌**仿坚壁清野之法**。
1851	咸丰元年	五月初十日，副都统**乌兰泰败太平军**于象州。
1851	咸丰元年	五月十八日，**琦善妄杀雍沙番族**，夺职逮问。

军务，并传知李星沅驰回湖南，会同骆秉章办理防堵事宜。

周天爵革总督衔 咸丰元年四月初三日（1851年5月3日），副都统乌兰泰抵武宣军营。四月十二日（1851年5月12日），钦差大臣李星沅卒于武宣。四月十六日（1851年5月16日），太平军自武宣突围入象州境。四月二十三日（1851年5月23日），太平军连占象州、古城、中坪、寺村、大乐墟等地。五月初二日（1851年6月1日），以太平军入象州，奉旨，周天爵革去总督衔，即回省暂署巡抚事务。向荣、秦定三拔去花翎，与周天爵一并交部议处。五月十六日（1851年6月15日），召周天爵回京。

仿坚壁清野之法 咸丰元年五月初七日（1851年6月6日），因大学士卓秉恬具折奏请仿行坚壁清野之法，以平盗贼，抚难民，并将原任知府龚景瀚所著议三篇钞录进呈，其所议颇多可采之处，命军机处钞给赛尚阿阅看，并行知督抚一体酌行。

乌兰泰败太平军 太平军自武宣入象州后，占据中坪、百丈、新寨一带。咸丰元年五月初八日（1851年6月7日），副都统乌兰泰统带贵州三营官兵自罗秀拔营驻梁山村，距中坪四五里。五月初九日（1851年6月8日），太平军在马鞍山东面山头摇旗直逼乌兰泰大营。五月初十日（1851年6月9日），太平军约四五千人渡河直扑威宁镇营，乌兰泰督带旗兵往来指挥，施放大炮，击退太

1851	咸丰元年	六月初二日,谕赛尚阿**剿办方略**。
1851	咸丰元年	六月初四日,钦差大臣赛尚阿驰抵桂林,奏陈**统筹全局**。
1851	咸丰元年	六月初四日,**太平军自象州折回武宣**。

平军,贵州抚标中军参将马善宝等十五员,兵二百余名阵亡。

琦善妄杀雍沙番族 咸丰元年五月十八日(1851年6月17日),以陕甘总督琦善剿办黑城撒拉回及黄喀洼番人时,将雍沙番族,妄加诛戮,命将琦善革职,解交刑部查办,并谕署陕甘总督萨迎阿不可因此案琦善办理过当,转开姑息养奸之渐。

剿办方略 钦差大臣赛尚阿驰抵长沙后,奏陈统筹广西剿办事宜,并酌拟激励乡团解散胁从刊发告示等情。咸丰元年六月初二日(1851年6月30日),军机大臣奉上谕,指授方略,"象州之贼,宜重兵合围;分窜南宁、太平之贼,应分兵追剿。其尚审度地势人才,联络布置。粮台尤关紧要,并宜分置,以利转输"。

统筹全局 咸丰元年六月初四日(1851年7月2日),钦差大臣赛尚阿驰抵广西桂林后奏陈统筹全局,相机剿办,并绘呈广西全省地图。所陈核汰兵勇、申明纪律、多购间谍、解散伙党、严断接济、实行团练等项,均合机宜,条理秩然。六月二十日(1851年7月18日),奏报到京,命军机处发去黄马褂、大小荷包、火镰,赏给赛尚阿。

太平军自象州折回武宣 咸丰元年六月初四日(1851年7月2日),太平军因清兵围剿,自象州中坪折回武宣东乡,趋桂平金田、紫荆山、茶地、大坪村、新墟、莫村、思盘,乌兰泰、向荣分路追击。

1851	咸丰元年	六月初八日，**法领事要求给还天主教堂**。
1851	咸丰元年	六月十二日，越南差官护送**遭风弁兵回粤**。
1851	咸丰元年	六月二十日，**日本海难船**送至香港。
1851	咸丰元年	六月二十二日，**河南捻匪肆横**，诏所司捕之。
1851	咸丰元年	六月二十四日，以**安徽捻匪滋扰**，诏有司及早剿除。

法领事要求给还天主教堂　咸丰元年六月初六日（1851年7月4日），法国兵船到上海。六月初八日（1851年7月6日），上海法国领事敏体呢（Louis Charles Nicolas Maximilien Montigny, 1805—1868）要求苏松太道麟桂给还松江天主教堂。

遭风弁兵回粤　道光三十年十一月十八日（1850年12月21日），广东崖州协把总吴会麟管带兵丁五名、水手四名驾船至广州领运硝磺回营，由琼州海口行驶，被风漂至越南顺安汛洋面，经越南国王资给钱米，派拨官兵驾船护送，于咸丰元年六月十二日（1851年7月10日）回至广东。

日本海难船　道光二十九年（1849）十月，日本商船由园浦载货前往江户发卖，船主虎吉，总共十三人。道光三十年（1850）正月，货完驶回至伊豆洋面遭风船破，漂流大海三月之久。咸丰元年六月二十日（1851年7月18日），经渔船救护，船主虎吉等五人送至香港，其后护送至浙江乍浦交办铜商船附搭回国。另外乘客八人由别船载送。

河南捻匪肆横　河南南阳府属捻首乔建德，伙党二千余人，盘踞泌阳县角子山，拦路抢劫，掳人勒赎，咸丰元年（1851）四月

1851	咸丰元年	六月二十七日，中俄订立《伊犁塔尔巴哈台通商章程》。
1851	咸丰元年	七月初三日，**上海不许英人开路**。
1851	咸丰元年	七月初六日，诏直省督抚**整饬吏治**。
1851	咸丰元年	七月十五日，清军**攻毁太平军要隘**。

间，一日之内抢掠十数家，杀毙七人。南召县捻首李大、李二率伙党千余人，将山内陈姓，抢劫一空，并有奸淫毙命重情。唐县捻匪千余人，肆行焚抢。是年六月二十二日（1851年7月20日），命河南巡抚潘铎严饬各地方官不分畛域，实力查拿。

安徽捻匪滋扰 安徽寿州捻首程六麻孜结捻横行，讹抢乡民，拒捕脱逃，于怀远县纠众抢劫，烧毁房屋，合肥捻首高四八孜亦有抢劫伤人之事。咸丰元年六月二十四日（1851年7月22日），命安徽巡抚蒋文庆及早剿除。

伊犁塔尔巴哈台通商章程 咸丰元年六月二十二日（1851年7月20日），伊犁将军奕山与俄使阔瓦烈幅斯基（Egor Petrovich Kovalevsky, 1811—1868）会议通商事宜。六月二十七日（1851年7月25日），订立《伊犁塔尔巴哈台通商章程》。

上海不许英人开路 咸丰元年七月初三日（1851年7月30日），上海闽人遍贴告白，不许英人开路，痛詈外人。

整饬吏治 咸丰元年七月初六日（1851年8月2日），以给事中焦友麟奏陈吏治因循，匪徒结党成群，所在皆有，四川之啯匪，河南之捻匪，湖南之斋匪，湖北之

1851—1851

1851	咸丰元年	七月十七日，命直省督抚酌行保甲。
1851	咸丰元年	七月二十一日，命湖广督抚查禁邪教，销毁《性命圭旨》。
1851	咸丰元年	七月二十二日，颁行《敬阐圣谕广训黜异端以崇正学韵文》。

攻毁太平军要隘 太平军占据桂平紫荆山后，前以新墟为门户，后以猪仔峡、双髻山为要隘。咸丰元年七月初十日（1851年8月6日），钦差大臣赛尚阿命各路带兵大员分路进兵围剿新墟，达洪阿攻其西南，乌兰泰、秦定三攻其西北。七月十五日（1851年8月11日），向荣等由紫荆山后路进攻，兵勇乘夜至猪仔峡、双髻山等隘口，向荣等由中路进攻猪仔峡，川楚各兵上下夹攻，抢占双髻山。

酌行保甲 保甲为弭盗良法，乃沿为具文，有名无实。咸丰元年七月十七日（1851年8月13日），以御史宗稷辰奏陈实行保甲事宜十条，命直省督抚各就地方情形，详加体察，酌行保甲，不得视为故事，徒托空言。

销毁《性命圭旨》 湖南衡永宝三府、郴桂两州及长沙府安化、湘潭、浏阳县教匪充斥，咸丰元年七月二十一日（1851年8月17日），命军机大臣寄信湖广总督、湖南巡抚查禁邪教，将《性命圭旨》等书板尽行销毁。

敬阐圣谕广训黜异端以崇正学韵文 清文宗为息邪说以正人心，特亲书《敬阐圣谕广训黜异端以崇正学韵文》一通，命武英殿勒石搨印，于咸丰元年七月二十二日（1851年8月18日），颁行各

痞匪，若不力加搜捕，何以除莠安良，命各省督抚饬所属文武，严密查拏，以期消患未形。

1851	咸丰元年	七月二十六日，**闽粤海盗**破山东登州水师。
1851	咸丰元年	八月初二日，以班禅额尔德尼七旬生辰，颁赏物件，**赏赐班禅**。
1851	咸丰元年	八月初四日，颁赐**御制诗石刻**。

省，命将军、督抚、府尹、学政督饬地方文武官员及各学教官钦遵宣布，无论官绅士庶，均准摹勒刊刻，以广流传。

闽粤海盗 咸丰元年七月二十五日（1851年8月21日），山东登州荣成县石岛洋面有闽粤海盗布兴有、布良大兄弟带领盗船十余只，联艕抗拒水师官兵。七月二十六日（1851年8月22日），登州水师副将郑连登等督兵进击，因众寡不敌，官弁兵勇，尽行落水，新旧战船，被海盗掳去九只。八月十二日（1851年9月7日），山东巡抚陈庆偕奏报到京，命陈庆偕驰往登州，调集三营水师，克日进剿。

赏赐班禅 咸丰元年（1851），班禅额尔德尼在后藏多年，洞悉诺们额尔德木，广兴黄教。是年八月初二日（1851年8月28日），以班禅额尔德尼已届七旬生辰，赏给佛一龛，御书福字一方，寿字一方，大白哈达一条，如意一柄，白玉念珠一串，银盘一个，银瓶一个，黄蟒缎二端，黄大八丝缎二端，黄妆缎二端，黄大五丝缎二端，黄绉绸二端，黄绫二端，黄宫绸二端，黄闪缎二端，黄云缎二端，交与达赖喇嘛之堪布江瞿丹丕回程之便转送班禅额尔德尼。

御制诗石刻 咸丰元年八月初四日（1851年8月30日），颁赐御制御门听政述志示在廷诸臣诗石刻一百分。

1851—1851

1851	咸丰元年	八月二十日，南河丰北厅兵三堡**黄河漫溢**。
1851	咸丰元年	闰八月初一日，**太平军攻占永安州城**。
1851	咸丰元年	闰八月初一日，两江总督陆建瀛请**禁天主教**，命循守旧章。
1851	咸丰元年	闰八月初七日，太平军天王洪秀全入永安州

黄河漫溢 咸丰元年八月二十日（1851年9月15日），南河丰北厅兵三堡黄河漫溢，口门塌宽一百八十五丈，水深三四丈不等，大溜掣动，迤下正河业已断流，被淹地方居民流离失所。闰八月十一日（1851年10月5日），江南河道总督杨以增奏闻勘明漫口情形，奉旨迅速筹款派员抚恤灾民，启放各坝及勘估各工均著赶紧筹办，丰北厅通判王熙善等革职。

太平军攻占永安 咸丰元年八月十六日（1851年9月11日），太平军于夜间放火焚桂平新墟一带，突围东北走平南、花洲。八月二十日（1851年9月15日），太平军后军主将冯云山、中军主将杨秀清大破向荣于平南，前军主将萧朝贵进兵藤县大黎。八月二十五日（1851年9月20日），萧朝贵、石达开自藤县大黎进向永安，大黎人李秀成加入太平军。闰八月初一日（1851年9月25日），萧朝贵、石达开、罗大纲攻占永安州城。时太平军男女老幼合计约三万七千余人。

禁天主教 咸丰元年闰八月初一日（1851年9月25日），两江总督陆建瀛奏陈士民呈请严禁天主教办理情形。奉旨，与外人交涉事件，应慎之于始，循守旧章。

缴归圣库 咸丰元年闰八月初七日（1851年10月1日），太平军天王洪秀全入永安州城，诏令各军

			城,令各兵将所得金宝物件,**缴归圣库**。
1851	咸丰元年		九月初二日,**选择吉地**,命庄亲王等办理。
1851	咸丰元年		九月初十日,**清军分路进攻永安**南北。
1851	咸丰元年		九月十九日,诏暹罗毋庸**遣使进香**。
1851	咸丰元年		九月二十四日,诏议漕米**河海并运**,以裕库储。

各营众兵将,各宜为公莫为私,所得金宝绸帛宝物等项,不得私藏,尽缴归天朝圣库,逆者议罪。

选择吉地 嘉庆元年(1796),奉清高宗敕谕,嗣后吉地各依昭穆次序在东陵、西陵界内分建。咸丰元年九月初二日(1851年10月25日),内阁奉上谕,恪遵成宪,于东陵界内选择绕斗峪建立吉地,命庄亲王绵课、大学士戴均元等办理,诹吉于十月十八日(1851年12月10日)卯时开工。

清军分路进攻永安 咸丰元年九月初十日(1851年11月2日),都统巴清德、署提督刘长清等进攻永安州城北路,烧毁龙眼潭、东山口、马背岭村等处炮台。都统衔乌兰泰进攻永安州城南路,炮轰石燕岭、铜盘村。九月十二日(1851年11月4日),巴清德、刘长清等分三队复由北路进攻。九月十六(1851年11月8日)、十九(1851年11月11日)等日,南北两路官兵展开猛攻,太平军坚守不退,清军未能收复永安州城。

遣使进香 暹罗国王因先后奉到孝和睿皇后、宣宗成皇帝遗诏,遣使进香,又赍递表文方物,庆贺登极,并因例贡届期将贡物一并呈进。咸丰元年九月十九日(1851年11月11日),命军机大臣寄信两广督抚传知暹罗使臣毋庸入京,所有呈进仪物方物,著其赍回,应进例贡,俟暹罗嗣王

1851	咸丰元年	九月二十七日,广东会党首领**何名科等在广西贵县被擒**。
1851	咸丰元年	十月初五日,两江总督陆建瀛奏报**广艇投降**,诏密察情形。
1851	咸丰元年	十月初六日,台湾嘉义县民**洪纪等竖旗起事**。

请求敕封时一并呈递。

河海并运 户部尚书孙瑞珍于奏陈河海并运以裕库储一折指出海运著有成效,请将苏州、松江、太仓三属新漕照案改为海运。咸丰元年九月二十四日(1851年11月16日),谕令两江总督陆建瀛、江苏巡抚杨文定按照所请,体察地方情形,来年漕运是否有宜变通之处,预为筹划,悉心妥议。

何名科等在广西贵县被擒 广东会党首领何名科聚集数千人,往来于广东、广西交界地方。咸丰元年(1851),何名科由广东信宜县窜至广西境内。是年九月二十七日(1851年11月19日),广东游击刘开泰等在贵县所属郭南里将何名科、梁十八等擒获。

广艇投降 广艇海盗在山东登州海口掳获水师船炮后窜回闽浙洋面游弋。咸丰元年十月初五日(1851年11月27日),两江总督陆建瀛等奏报盗船由温州三盘洋面驶往闽洋山屿岛停泊,盗首布兴有等呈请投降。奉旨著陆建瀛等查明具奏。十二月二十五日(1852年2月14日),陆建瀛等奏报到京,据艇匪缴出山东师船勇船共二十一只,水勇二百余名,大小铁炮共三百余位,商船船户水手二百八十余名。其实心悔罪缴械投首艇匪等六百二十四名,奉旨免其治罪。

洪纪等竖旗起事 咸丰元年十月初四日(1851年11月26日),台

1851	咸丰元年	十月二十五日，太平天国天王洪秀全在**永安封王**。
1851	咸丰元年	十月二十六日，贵州**苗匪滋事**，命实力查拏。
1852	咸丰元年	十一月二十七日，敕礼部刊刻民间服色规条，以**崇俭黜奢**。

湾嘉义县民洪纪等人在内山孤庙内歃血结盟，有大哥、元帅、副元帅、军师、先锋等职称。十月初六日（1851年11月28日）夜间至嘉义县属官佃、六甲等庄派饭竖旗起事。

永安封王 咸丰元年十月二十五日（1851年12月17日），太平天国天王洪秀全在永安封王，诏封左辅正军师杨秀清为东王，管治东方各国；封右弼又正军师萧朝贵为西王，管治西方各国；封前导副军师冯云山为南王，管治南方各国；封后护又副军师韦正（韦昌辉）为北王，管治北方各国；封石达开为翼王，羽翼天朝；以上所封各王，俱受东王节制。

苗匪滋事 道光三十年（1851），贵州苗人保禾计乜结党滋事，蔓延日广。咸丰元年（1851），贵州省黄平、施秉、台拱、清平、丹江、古州、黎平、思州、镇远一带，又有保禾计乜之弟高禾、侄响立等纠党滋事，烧杀奸抢，愈肆鸱张。同年十月二十六日（1851年12月18日），命云贵总督吴文镕、贵州巡抚吕佺孙实力查拏。

崇俭黜奢 道光年间，清宣宗鉴于官民竞尚奢华，曾饬令内外各衙门将民间应用服色及婚丧仪制，悉照《会典》所载，刊刻简明规条，使百姓知所恪守。咸丰元年十一月二十七日（1852年1月17日），以通政使罗惇衍具折奏请崇俭禁奢，敕礼部查照道光八

1852—1852

1852	咸丰元年	十一月二十八日，两广总督徐广缙奏报剿办**儋州匪徒**，奉旨择尤保奏。
1852	咸丰元年	十二月初六日，命福建督抚**查拏红会**、花会、江湖会。
1852	咸丰元年	十二月二十三日，朱骏声呈递《**说文通训定声**》，奉旨赏加国子监博士衔。

年（1828）颁行简明规条，通行内外各衙门遵照刊刻出示，遍行晓谕，使民间知所遵循，渐归淳朴。

儋州匪徒 广东儋州刘文楷煽诱土匪黎人至数千人，攻城戕官。咸丰元年十一月二十八日（1852年1月18日），两广总督徐广缙、广东巡抚叶名琛奏报剿办情形，经雷琼道江国霖会同署琼州镇总兵吴元猷迭次追剿，将首犯刘文楷等捕获，命徐广缙等将有功人员择尤保奏。

查拏红会 福建汀州府武平县境内有县民结伙设立红会，勾通衙役，肆意抢劫。连城、上杭、长汀等县，以廖岸如、周勇为首，设立江湖会，分遣头目，潜赴各处，扰害行旅，设局抽税，私给印票。光泽、崇安等县则有花会等名目。咸丰元年十二月初六日（1852年1月26日），命闽浙总督季芝昌、福建巡抚王懿德严密查拏。

说文通训定声 朱骏声是江苏举人，充安徽黟县训导。朱骏声将所著《说文通训定声》呈递礼部，转交南书房翰林阅看，进呈御览。咸丰元年十二月二十三日（1852年2月12日），以该书引证赅洽，颇于小学有裨，奉旨，朱骏声赏加国子监博士衔，以为留心经训者劝。

		1852—1852
1852	咸丰元年	十二月二十三日，赛尚阿统兵至永安州城以北三里**安设大营**。
1852	咸丰二年	正月十一日，**诏禁演戏**奢靡积习。
1852	咸丰二年	正月十六日，**《朱子全书》缮写告竣**，赏赐缮写人员。
1852	咸丰二年	正月十七日，命福建督抚**妥办保甲**，严查棚民。

安设大营 太平军进入永安州城后，各路官兵一律移营进逼永安州城。咸丰元年十二月初二至二十三（1852年1月22日至2月12日）等日，北路向荣，南路乌兰泰等昼夜环攻，伤亡颇众。十二月二十三日（1852年2月12日），各路官兵合力进攻，乘胜前追，赛尚阿统率文武员弁驰赴永安以北距州城三里地方安设大营，亲自督战。咸丰二年正月十一日（1852年3月1日），赛尚阿奏报到京，命保奏出力员弁兵勇。

诏禁演戏 京师五城，向有戏园戏庄，歌舞升平，岁时宴集。惟相沿日久，竟尚奢华，或添夜唱，或列女座，宴会饮馔，日侈一日。咸丰二年正月十一日（1852年3月1日），以御史张炜奏请严禁演戏奢靡积习，命步军统领衙门、五城御史先期刊示，及早严禁，以振靡俗而除积习。

《朱子全书》缮写告竣 咸丰二年正月十六日（1852年3月6日），以缮写《朱子全书》告竣，分卷校对装帙进呈，所有缮写之翰林院编修、总司校对等员，奉旨赏赐大卷江绸、小卷八丝缎、大小荷包等件。

妥办保甲 福建省因山海交错，最易藏奸。裕泰在闽浙总督任内曾酌拟办理保甲章程具奏。咸

1852	咸丰二年	正月二十六日，闽浙总督奏报**擒获台湾歃血结盟首伙各犯**一折到京。
1852	咸丰二年	正月二十八日，清军**炮轰永安**州城，断其爨汲路径。
1852	咸丰二年	正月三十日，**诏禁走会**装演杂剧。

丰二年正月十七日（1852年3月7日），命闽浙总督季芝昌、福建巡抚王懿德参酌旧章，认真办妥，其沿海船户种山棚民，一律严查，各属水路船只按埠编甲，责成澳保人等逐日查点。其延津等属棚民即照浙江新定章程，饬令棚长依限取结。

擒获台湾歃血结盟首伙各犯 台湾嘉义交界附近内山地方，有洪纪等歃血结盟，洪纪称元帅，以李兆基、吴仰为副元帅，胡枝拇为军师，林罩、颜耀为先锋。各用红布为记，先后在官佃等庄及溪底等处屯聚，竖旗肆抢。经台湾镇道叶绍春、徐宗干等督饬文武员弁，并力攻剿，擒获首伙各犯，咸丰二年正月二十六日（1852年3月16日），闽浙总督季芝昌等奏报到京，命季芝昌等严饬台湾镇道搜捕溃散余匪。

炮轰永安 清军南北各路围攻永安州城，太平军屡出攻扑清军大营，俱不利。咸丰二年正月二十八日（1852年3月18日）以后，清军运用大炮四面轰击州城内外房屋，伤亡甚重。其往来罗瓮、水窦之太平军，均被兵勇堵截，州城爨汲路径，多被清军切断，太平军准备突围。

诏禁走会 京西妙峰山庙宇，每于夏秋两季烧香人众，其中有无赖匪徒装演杂剧，称为走会。咸丰二年正月三十日（1852年3月20日），御史伦惠具折指出无赖匪徒以走会为名，装演杂剧，以致

1852—1852

1852	咸丰二年	二月初一日，英船私运**华工出洋**。
1852	咸丰二年	二月十七日，太平军冒雨自**永安突围**。
1852	咸丰二年	二月二十九日，太平军**围攻桂林**。
1852	咸丰二年	三月初七日，太平军**力攻桂林**北门。

男女混淆，于风化殊有关系，请饬严禁。是日，奉旨，著步军统领衙门、顺天府及西北城各御史先期出示晓谕，拏究惩办。

华工出洋 华工，习称猪仔，咸丰二年二月初一日（1852年3月21日），英船以私运猪仔四百七十五人，自厦门出海赴旧金山。同年二月十九日（1852年4月8日），华工以不肯卖身，发生暴动，杀英船主，在琉球八重山岛上岸。三月十六日（1852年5月4日），英人到八重山岛捕拏华工二十三人。

永安突围 太平军在永安州城屡遭清军攻剿，切断接济。咸丰二年二月十七日（1852年4月6日）丑刻，太平军冒雨突围，东入古苏冲，计划由昭平、平乐北趋。

二月十八日（1852年4月7日），乌兰泰败太平军于古苏冲，太平军男女二千余人被杀，洪大全被清军尽先守备全玉贵生擒。二月十九日（1852年4月8日），太平军大破向荣、乌兰泰于昭平，清军总兵长瑞等阵亡。

围攻桂林 咸丰二年二月十九日（1852年4月8日），太平军大破向荣、乌兰泰于昭平后，改由间道趋广西省城桂林。二月二十九日（1852年4月18日），太平军自临桂六塘地方到桂林城下，夹漓江两岸扎营，猛扑南门、西门，并于东南文昌门外象鼻山上架炮轰击。提督向荣会同广西巡抚邹鸣鹤等力守。三月初一日（1852年4月19日），副都统乌兰泰进

1852—1852

1852	咸丰二年	四月初三日，**浙江乡民藉豁免民欠滋事**，诏命分案查拏。
1852	咸丰二年	四月初四日，诏**河东鹾务**，照新定章程办理。
1852	咸丰二年	四月初四日，命国史馆**编纂本纪**。
1852	咸丰二年	四月初五日，诏**宣宗实录馆提调等交部议叙**。

攻桂林象鼻山，与太平军战于南门外将军桥，清军挫败，乌兰泰中炮伤，由石塘送回阳朔医治，不治。

力攻桂林 咸丰二年三月初六日（1852年4月24日），太平军猛攻桂林省城不下，是夜退屯对河施放枪炮。三月初七日（1852年4月25日），太平军两次绕扑北门，被清军击退。三月初九日（1852年4月27日），太平军复向南门文昌门开炮轰击，被清军用炮击退。三月初十日（1852年4月28日），提督向荣率兵勇出丽泽门，进击古牛山太平军，清军施放枪炮火器，击退太平军。

浙江乡民藉豁免民欠滋事 浙江奉化县连山乡属地方，有乡民藉豁免民欠为词，将已完银米，递抵新赋，纠众毁坏县署门壁，抢去衣物银钱。鄞县所属西南、东南乡民因图减完粮钱价，聚众毁坏府县衙署，勒给减价印示，拆毁鄞县盐商公所。浙江巡抚常大淳奏报到京，命分案查拏，并将两县知县撤任。

河东鹾务 府尹王庆云等统筹河东鹾务，酌议留商改票，先课后盐章程，开单呈览，奉旨交户部妥议具奏。户部遵旨逐条核明分晰议奏，如永禁金商以省拖累，责成改票以期畅销，革浮费禁摊派以杜亏绌，定池价减销价申明畦地租课旧章以免流弊，核科则以轻成本，立口岸以便发贩，缉盐池之透漏，堵引地之私售等条，

1852	咸丰二年	四月初六日，**命徐广缙为钦差大臣**，接办广西军务。
1852	咸丰二年	四月初八日，**甘肃中卫城乡地震**。
1852	咸丰二年	四月十五日，诏**禁无票流民私出边卡**。

俱经户部分别准行。咸丰二年四月初四日（1852年5月22日），奉旨即照新定章程，妥为办理。

编纂本纪 咸丰二年四月初四日（1852年5月22日），以实录馆纂修《宣宗实录》，已进呈至道光十五年（1835），命国史馆总裁遴派提调等官督率誊录将实录馆业已进呈之书，照副本缮写一份，编纂本纪，随时进呈，实录告成后，陆续办竣，所缮实录副本贮藏史馆，以资考证。

宣宗实录馆提调等交部议叙 咸丰二年四月初五日（1852年5月23日），以《宣宗成皇帝实录》已进呈至道光十五年（1835），命所有在馆之提调、总纂、纂修、协修、校对、收掌、翻译、誊录及供事等，均著交部照例议叙。

命徐广缙为钦差大臣 咸丰二年四月初六日（1852年5月24日），命两广总督徐广缙为钦差大臣，拣带精兵驰驿前赴广西，会同赛尚阿办理军务。广东罗镜等处剿捕事宜，命广东巡抚叶名琛督办。

甘肃中卫城乡地震 咸丰二年四月初八日起至二十三日（1852年5月26日至6月10日），甘肃中卫县城乡地方连次地震，居民房舍震倒二万余间，压毙男女大小三百余口，受伤者四百余口，城垣衙署及仓廒监狱等处，均多坍塌倾圮，居民粮食衣物牲畜，亦多被压没。

禁无票流民私出边卡 吉林为根本重地，向不准无业流民私往潜

1852—1852

1852	咸丰二年	四月十八日，徐继畬奏请土木、晏安、壅蔽**三渐宜防**。
1852	咸丰二年	四月二十三日，**湘勇败太平军**于全州蓑衣渡。
1852	咸丰二年	五月十七日，**琉球海难船**漂至山东洋面。
1852	咸丰二年	六月初五日，以丰北漫口，诏办理**山东赈务**。

住。咸丰二年四月十五日（1852年6月2日），以吉林将军固庆奏陈逃亡人户私出边卡，潜往吉林私垦，于旗民生计风俗均有关碍，请饬禁无票流民私出边卡。是日，奉旨，著山海关副都统、盛京将军等严饬各属按照旧例，于要隘地方往来行旅，认真稽查，概不准无票流民私往潜住。

三渐宜防　咸丰二年四月十八日（1852年6月5日），太仆寺少卿徐继畬援古证今奏陈释服之后三渐宜防：一曰土木之渐，二曰晏安之渐，三曰壅蔽之渐。是日，奉旨，"置之座右，用资省览"。

湘勇败太平军　太平军屡攻桂林省城不下，于咸丰二年四月初一日（1852年5月19日）撤桂林围。四月十六日（1852年6月3日），太平军攻破广西全州，大杀兵民。四月二十三日（1852年6月10日），知府江忠源督湘勇败太平军舟师于永州、全州间蓑衣渡，前导副军师南王冯云山中炮阵亡，太平军自永州折往道州。四月二十五日（1852年6月12日），太平军占领道州，会党应之。

琉球海难船　咸丰二年四月二十五日（1852年6月12日），琉球中山国人张石岭等人由那霸出海赴久米岛运米。五月十六日（1852年7月3日）夜遭遇飓风，击碎船板。五月十七日（1852年7月4日），漂至山东海阳县洋面遇救

1852	咸丰二年	六月初六日，回匪**铁完库里霍卓窜扰乌什卡伦**。
1852	咸丰二年	六月初七日，命**赛尚阿督办湖南军务，徐广缙接办广西军务**。
1852	咸丰二年	六月初九日，逆回倭里罕纠约布鲁特**突入卡伦**。

上岸。

山东赈务 咸丰元年（1851），丰北漫口，山东濒河一带州县被淹成灾，鱼台最重，济宁次之，金乡等县又次之，曾经分别轻重，三次放赈。山东布政使署山东巡抚刘源灏酌拟章程十条，开单呈览。协办大学士杜受田、福州将军怡良奉命查办山东赈务，咸丰二年（1852），奏请俟河运漕船挽入东境，先行起卸，以资散放。是年六月初五日（1852年7月21日），奉旨，命山东布政使于秋收后，确查被灾轻重，分别奏明办理。

铁完库里霍卓窜扰乌什卡伦 咸丰二年六月初六日（1852年7月22日），新疆乌什毕底尔卡伦，守卡弁兵睡熟，回匪铁完库里霍卓偷进卡伦，乘风纵火，焚烧卡房，伤毙官兵。因乌什办事大臣春熙派遣援兵接应，铁完库里霍卓退出卡伦。

赛尚阿督办湖南军务 太平军攻占道州后，湖南军务紧要。咸丰二年六月初七日（1852年7月23日），命赛尚阿即带钦差大臣关防驰赴湖南扼要驻扎，会同湖广总督程矞采筹办防剿事宜。所有广西军务即著徐广缙会同广西巡抚劳崇光接办，以专委任。

突入卡伦 咸丰二年（1852）五月间，喀什噶尔地方有逆回铁完库里霍卓纠众入卡，官兵进剿后

1852－1852

1852	咸丰二年	六月十二日,广东**罗镜会党**凌十八等被擒斩,乱平。
1852	咸丰二年	六月十四日,诏郑亲王**端华退出御前大臣**。
1852	咸丰二年	六月二十九日,**太平军攻占桂阳**州城。

窜逸。同年六月初九日（1852年7月25日）,又有逆回倭里罕纠约布鲁特二百余人自图舒克塔什卡伦窜至小阿尔图什庄。六月初十日（1852年7月26日）,总兵桂龄带兵驰至伊斯里克卡伦,逆回已逃出卡外。六月十三日（1852年7月29日）,逆回由伊兰瓦斯卡窜扑阿尔胡庄,总兵桂龄驰赴迎击,枪炮齐发,追剿至巴尔昌卡伦,逆回被击退,逃出卡外。

罗镜会党 广东信宜县人凌玉超移徙广西平南县种蓝靛度日。凌玉超生子六人:长子凌十八,名才锦;次子二十,名帖锦;三子二十四,名标锦;四子二十八,名挥锦;五子二十九,名进锦;六子三十,名扶锦,兄弟六人俱为会党股首。凌十八自道光二十九年（1849）即在广西金田拜上帝,往来信宜,为罗镜境内势力较大之会党。咸丰元年（1851）七月,两广总督徐广缙亲往督办。咸丰二年五月二十九日（1852年7月16日）以后,清军屡次攻剿。六月十二日（1852年7月28日）,清军分东西中三路同时进攻,割取凌十八首级,擒斩凌二十八,生擒凌玉超。据徐广缙等奏报,生擒会党二百六十八名,呈验首级一百六十七颗,歼毙一千一百余名。凌十八自起事后首尾一年,扰及两省,前后历经百战,会党被清军歼擒六千余名。

端华退出御前大臣 据僧格林沁奏,郑亲王端华于大考翰詹时,奉派为监试,端华却为已革侍讲学士保清修补试卷,阻止不听,

1852	咸丰二年	七月初一日，给事中袁甲三覆奏**载铨广收门生**。
1852	咸丰二年	七月初三日，**太平军占领郴州**，焚学宫，毁孔子木主。

骄矜亢愎，难与共事。咸丰二年六月十三日（1852年7月29日），奉旨，监试王大臣载垣等不行阻止，著端华、载垣明白回奏。六月十五日（1852年7月31日），端华、载垣等遵旨回奏。同日奉旨，以殿廷考试，功令綦严，端华违例，命退出御前大臣，交宗人府议处。载垣未能阻止，一并交宗人府议处。

太平军攻占桂阳 太平军留道州二月，整理军容，增修战具，军威大振。咸丰二年六月二十五日（1852年8月10日），太平军弃道州东进。六月二十七日（1852年8月10日），太平军由下灌地方拥入嘉禾县城，焚官廨、学宫、考棚、祠堂、寺观。六月二十九日（1852年8月14日），太平军分路进入桂阳州城，知县李启诏死之。

载铨广收门生 定郡王载铨曾绘《息肩图》一卷，题咏甚多，凡属门生，皆系师生称谓。咸丰二年七月初一日（1852年8月15日），以给事中袁甲三覆奏载铨广收门生，奉旨，命载铨将所绘《息肩图》即行呈进，并命载铨等具折明白回奏。七月二十日（1852年9月3日），奉旨，载铨交宗人府严加议处，所绘《息肩图》题咏甚多，内阁学士载龄等交部议处，其题图之潘世恩等一并交各衙门分别议处。七月二十三日（1852年9月6日），宗人府议准载铨处分改为罚王俸两年，其所兼领侍卫内大臣著即开缺，并无庸管理健锐营事务。

1852	咸丰二年	七月十一日，**回匪滋扰**，铁完库里霍卓等夜窜至小阿尔吐什庄。
1852	咸丰二年	七月十二日，太平军自郴州**北破永兴**。
1852	咸丰二年	七月十三日，**廓尔喀贡使**行抵前藏。
1852	咸丰二年	七月十六日，诏将军督抚**保举知兵人才**。

太平军占领郴州 太平军起事以前，湖南会党已极活跃。太平军进入湖南后，湖南会党纷纷响应，为太平军作前导。咸丰二年七月初二日（1852年8月16日），知府江忠源败太平军于桂阳州，太平军弃城走。七月初三日（1852年8月17日），太平军占领湖南郴州，会党应之，杀知县，焚学宫，毁孔子木主。太平军在郴州招得二三万人。

回匪滋扰 回匪铁完库里霍卓与倭里罕霍卓在喀什噶尔卡外阿克萨伊地方会合，并有头目克奇克霍卓、卡提条列霍卓、依善罕等由浩罕逃出，同聚一处，于咸丰二年七月十一日（1852年8月25日）夜窜至小阿尔吐什庄滋扰，经喀什噶尔领队大臣特克星额等领兵击退，出卡逃窜。

北破永兴 咸丰二年七月十二日（1852年8月26日），太平军右弼又正军师西王萧朝贵率指挥李开芳、侍卫林凤祥等约千人，自郴州进向长沙，沿途会党为向导，占领永兴，杀知县温德宣。七月十七日，萧朝贵占领安仁。七月二十日，萧朝贵占领湖南茶陵州，得众数千人。

廓尔喀贡使 廓尔喀国王专差噶箕等赍呈年班例贡及庆贺登极表于咸丰二年五月二十一日（1852年7月8日）自阳布启程，七月十三日（1852年8月27日），行抵前

1852	咸丰二年	七月十六日,诏**直省城垣**一律修葺完整。
1852	咸丰二年	七月二十四日,命徐广缙赴湖南接受**钦差大臣**关防。
1852	咸丰二年	七月二十五日,湖南浏阳会党**征义堂起事**。

藏。七月二十二日(1852年9月5日),由前藏启程入京。

保举知兵人才 咸丰二年七月十六日(1852年8月30日),以湖南军务未竣,太平军窜扰靡定,各路带兵攻剿,需才孔亟,诏将军、都统、总督、巡抚随时考察。自镇将以下,无论官职大小,有谋勇兼裕,或才力堪任折冲御侮者,即行据实保奏。

直省城垣 直省府厅州县城墙,因创建日久,坍塌甚多,以致广西、湖南太平军所至,遽尔失守。咸丰二年七月十六日(1852年8月30日),诏直省督抚转饬所属,凡有应行修理各城,务须随时设法筹办,一律修葺完整,其有官民捐资修理者,即核实奏请奖励,并严饬地方文武员弁,认真查察,慎司启闭。

钦差大臣 由皇帝临时派遣出外办理重大事件的官员,称为钦差。清朝制度,凡由皇帝特命派遣,并颁发关防的称为钦差大臣。咸丰二年七月二十四日(1852年9月7日),命徐广缙赴湖南接受钦差大臣关防,以叶名琛署两广总督,柏贵署广东巡抚。

征义堂起事 湖南会党与广西会党,彼此勾通,太平军进入湖南后,各地会党如响斯应。其中浏阳县东乡会党首领周国虞倡立征义堂,其初原为保卫身家,后来附和日众,会员众多,散布于县

1852	咸丰二年	七月二十八日，太平军围长沙，西王**萧朝贵中炮伤**。
1852	咸丰二年	八月初一日，以称病规避，广西提督**向荣夺职**，遣戍新疆。
1852	咸丰二年	八月初五日，以**初举经筵**，遣官告祭奉先殿。
1852	咸丰二年	八月初六日，**朝鲜使臣进呈谢恩贡物**。

署及督抚等衙门。咸丰二年七月二十八日（1852年9月11日），太平军猛扑长沙省城。同日，周国虞即率征义堂会众起事，并加入拜上帝会。十二月十八日（1853年1月26日），知府江忠源督率文武兵勇痛加剿洗。据官方统计，自十二月十八日至三十日止（1853年1月26日至2月7日），迭次生擒及各乡团捆送共获会党首伙六百七十余名，临阵歼毙及乡团格杀共七百余名，先后解散胁从四千三百余户。

萧朝贵中炮 咸丰二年七月二十四日（1852年9月7日），太平军西王萧朝贵占领湖南醴陵。七月二十八日（1852年9月11日），萧朝贵率李开芳、林凤祥等约三四千人自湖南醴陵进至长沙石马铺，进逼南门、小西门，据妙高峰。湖南巡抚骆秉章等登陴固守。萧朝贵在长沙南门受炮伤，寻以伤卒。

向荣夺职 向荣久历戎行，道光三十年（1850）八月，特旨调任广西提督。咸丰二年（1852），据徐广缙奏，向荣于六月二十七日（1852年8月12日）先已接印，至七月初六日（1852年8月20日）奉到饬令任事之旨，竟称病难痊，求徐广缙奏请开缺。同年八月初一日（1852年9月14日）奉旨革职，发往新疆，效力赎罪。

初举经筵 咸丰二年八月初五

1852	咸丰二年	八月二十一日，傅岩撰呈《平天下传》。	
1852	咸丰二年	八月二十八日，以昌西陵工竣，恩赏有功各员。	
1852	咸丰二年	八月二十八日，朝鲜使臣徐念淳等入觐于西安门内。	
1852	咸丰二年	八月，广西全州孝义会起事。	

（1852年9月18日），以初举经筵，遣官告祭奉先殿，清文宗诣传心殿行礼，御文华殿经筵，直讲官柏葰、翁心存进讲《论语》道之以德，齐之以礼，有耻且格。礼成，清文宗至文渊阁赐讲官等茶，赐宴于本仁殿。

朝鲜使臣进呈谢恩贡物 咸丰二年八月初六日（1852年9月19日），朝鲜使臣徐念淳等抵达北京，进呈谢恩贡物。八月二十二日（1852年10月5日），礼部具奏，奉朱批"著留抵正贡"。

平天下传 咸丰二年（1852）八月，安徽民人傅岩撰《平天下传》一本，入京呈递，经步军统领衙门拏获。八月二十一日（1852年10月5日），奉旨，进呈书中虽无违悖字句，究属荒谬，不安本分，命将傅岩交刑部讯明照例办理。

昌西陵工竣 咸丰二年八月二十八日（1852年10月11日），以昌西陵工程完竣，其择地定向之户部郎中甘熙，加恩以道员用。内务府员外郎明伦，赏给武备院卿。

朝鲜使臣徐念淳等入觐 咸丰二年八月二十八日（1852年10月11日），朝鲜国正使判中枢府事徐念淳、副使礼曹判书赵忠植、书状官司宪府兼掌令崔遇亨三人入觐于西安门内。

孝义会起事 广西全州、兴安交界五排地方，万山盘绕，路径

1852	咸丰二年	九月初一日，天王**洪秀全统大队太平军到长沙**。
1852	咸丰二年	九月初二日，太平军败于长沙浏阳门外，是为**浏阳门之役**。
1852	咸丰二年	九月初二日，因视师无功，贻误封疆，命将

丛杂，与湖南新宁、城步、武冈等州县连界，人口流动频繁。杨三通、李白毛等分隶湖南、广西等省，徙居五排地方后，游荡度日。咸丰二年（1852）八月间，杨三通等闻知太平军攻扑长沙省城，官兵攻剿吃紧，不能兼顾，于是聚众结拜孝义会，分为前后中左右五营，计划乘机焚劫，经各州县访闻密禀。广西巡抚劳崇光委派太平府知府顾谐庚驰抵大溶江地方，督率文武绅团拏获杨三通等各犯正法办理。

洪秀全统大队太平军到长沙 咸丰二年八月初四日（1852年9月17日），太平军前队开挖地道，轰炸长沙城垣不下。八月十二日（1852年9月25日），天王洪秀全、东王杨秀清率领大队太平军撤离郴州，进向长沙。八月十四日（1852年9月27日），天王洪秀全前队进入安仁境。八月二十四日（1852年10月7日），天王洪秀全、东王杨秀清率领大队太平军占领醴陵。八月二十六日（1852年10月9日），天王洪秀全等撤离醴陵，九月初一日（1852年10月13日），太平军大队到长沙，围城猛攻。

浏阳门之役 咸丰二年九月初二日（1852年10月14日）卯刻，太平军约六七千人由长沙妙高峰绕至浏阳门外较场，分三路进扑清军各营。候补知府江忠源所带楚勇等出队迎击。据统计是役太平军阵亡四五百名，被砍首级六十余颗，被生擒十五名，自围省城

		赛尚阿褫职逮问。
1852	咸丰二年	九月十二日,太平军败于长沙渔网洲,是为**渔网洲之役**。
1852	咸丰二年	九月二十九日,太平军以**地雷炸塌长沙南城**城墙。

以来,是役受创最重。

赛尚阿褫职逮问 自广西太平军起事以后,即特命大学士赛尚阿为钦差大臣,前往督剿,又特赐遏必隆刀,以肃军威。太平军围扑桂林,攻陷全州,进入湖南,围扑长沙省城,赛尚阿调度乖方,号令不严,以致劳师糜饷,日久无功。咸丰二年九月初二日(1852年10月14日),命将赛尚阿革职拏问,由徐广缙派员解交刑部治罪。徐广缙即授为钦差大臣,接受关防,并署理湖广总督。

渔网洲之役 咸丰二年九月初十日(1852年10月22日),赛尚阿抵达长沙后即会商罗绕典等专派提督向荣统领新到屯兵及总兵马龙等所带川黔楚粤官兵,于九月十二日(1852年10月24日)渡河,进至渔网洲地方,与太平军接仗,太平军败退,阵亡二三百名。

地雷炸塌长沙南城 太平军围攻长沙,屡以地雷轰击城墙。咸丰二年九月十八日(1852年10月30日),太平军开挖地道,轰陷长沙南城。九月二十九日(1852年11月10日),太平军复于长沙南城西边突发地雷,城身蛰陷四丈有余,太平军二三千人蜂拥向前,副将邓绍良跃出城墙缺口,奋勇抵抗,右膊被炮子穿过,仍屹立不退,太平军败退。十月初二日(1852年11月13日),太平军又于南月城外暗发地雷,突出二三千人向城头施放枪炮。总兵和春、知府江忠源等合力冲杀,

1852	咸丰二年	十月初七日，奏准**浙江新漕改由海运**。
1852	咸丰二年	十月初十日，英人**诱拐华工**，被殴致伤。
1852	咸丰二年	十月十九日，太平军以久攻长沙不下，乘雨撤围渡湘江，**长沙撤围**。
1852	咸丰二年	十月二十二日，诏禁沿海船只**越境渔采**。

击退太平军。

浙江新漕改由海运 浙江巡抚黄宗汉以咸丰二年（1852）浙江漕船开兑过迟，最后各帮延至九月下旬甫经挽运出境，即使截剥回空，断难如期归次受兑。因此，黄宗汉奏请来岁新漕试行海运。咸丰二年十月初七日（1852年11月18日），奉旨著照所请，改由海运，以期迅速，并准将原办河运各费并归海运支销。

诱拐华工 咸丰二年十月初十日（1852年11月21日），厦门二英人因诱拐华工，被殴致伤。十月十三日（1852年11月24日），英海军在厦门登岸，枪杀华人四名，伤五名。

长沙撤围 咸丰二年十月十二日（1852年11月23日），太平军三炸长沙城，不克。十月十七日（1852年11月28日），太平军丞相秦日纲、总制罗大纲、正将军李开芳四炸长沙魁星楼，城墙崩塌八丈余，为清军击退。十月十九日（1852年11月30日），太平军以久攻长沙不下，军中复缺油盐，于是日夜间乘雨撤围渡湘江，由回龙塘西趋。

越境渔采 康熙五十一年（1712），奉旨船只至朝鲜边界捕鱼，许该国即行追剿。咸丰二年十月二十二日（1852年12月3日），以朝鲜国王咨称登州等处内地船只或八九十只，或数百只

1852	咸丰二年	十月二十八日，**琉球请谕**正副使臣等赴司投呈。
1852	咸丰二年	十一月初三日，**太平军占领岳州**。
1852	咸丰二年	十一月十三日，**太平军攻陷汉阳**。
1853	咸丰二年	十一月二十二日，班禅额尔德尼请旨进呈**吉祥丹书克**。

前往朝鲜沿海各岛捕鱼，未便擅行驱逐，清文宗以有违定例，命盛京将军、奉天府尹、沿海督抚饬属一体严禁，如有越境渔采，即行照例惩办。

琉球请谕 道光二十六年（1846），英人伯德令眷属人等到琉球占住，逗留不去。咸丰元年十二月十七日（1852年2月6日），又有英国火轮船一艘到琉球。咸丰二年十月二十八日（1852年12月9日），琉球请谕正使马克承、副使梁必达等赴福建布政使司投呈。

太平军占领岳州 咸丰二年十月二十二日（1852年12月3日），太平军占领湖南益阳，得民船数千只，改道顺流而下。十一月初三日（1852年12月13日），太平军至岳州，府城东门火起，太平军占领岳州府城。

太平军攻陷汉阳 咸丰二年十一月初七日（1852年12月17日），太平军弃岳州，分水陆两路进向湖北。十一月初九日（1852年12月19日），陆路占领湖北蒲圻，水路抵汉阳。十一月十二日（1852年12月22日），陆路由蒲圻进逼武昌东门外，分两翼扑城。十一月十三日（1852年12月23日），太平军指挥李开芳等攻陷汉阳府城，占据江面，直扑武昌。提督向荣追至离江夏六十里地方。

吉祥丹书克 丹书克，系藏语发音，是西藏向皇帝呈递的一种公

1853	咸丰二年	十一月二十九日，诏在籍侍郎**曾国藩等督办团练**。
1853	咸丰二年	十二月初二日，敕各省绅士在籍**办理团练**。
1853	咸丰二年	十二月初四日，太平军炸塌文昌门城墙，**武昌省城失守**。
1853	咸丰二年	十二月初六日，太平军东王**杨秀清于武昌设圣库**，并令城中居民拜上帝。

文形式。咸丰二年十一月二十二日（1853年1月1日），班禅额尔德尼七旬生辰接受赏件，呈请谢恩，并进呈吉祥丹书克，乞为转奏。奉旨，著照所请，准其交来年年班进京之堪布代为呈进。

曾国藩等督办团练 咸丰二年十一月二十九日（1853年1月8日），命在湖南湘乡原籍之丁忧礼部侍郎曾国藩督同办理本省团练乡民，搜查土匪诸事务。

办理团练 咸丰二年十二月初二日（1853年1月10日），敕各省督抚传旨，令绅士在籍办理团练，保卫乡间，或用坚壁清野之法，使其不能掳掠逼胁，一切经费，由公正绅士筹办，不得官为抑勒。

武昌省城失守 湖北省城武昌西面平湖、文昌各门滨临大江。咸丰二年十二月初四日（1853年1月12日），太平军东王杨秀清督翼王石达开等于文昌门开挖地道，以地雷炸塌文昌门城墙二十余丈，守陴兵溃，是日黎明，武昌省城失守，湖北巡抚常大淳、提督双福、布政使梁星源、按察使瑞元等死之。东王杨秀清传令，官兵不留，百姓勿伤。十二月二十六日（1853年2月3日），内阁奉谕旨，武昌沦陷，文武官员兵丁人民数万，惨遭荼毒。署湖广总督徐广缙，拥兵自卫，株守岳

1853	咸丰二年	十二月初十日，太平军天王洪秀全于武昌设**进贡公所**。
1853	咸丰二年	十二月二十九日，**朝鲜使臣徐有熏等入觐**于午门外。
1853	咸丰三年	正月初二日，**太平军离武昌东下**，石达开等为前锋。

州，一筹莫展，奉旨革职，即行拿问，由署湖广总督张亮基派员解交刑部治罪。

杨秀清于武昌设圣库 咸丰二年十二月初六日（1853年1月14日），太平军东王杨秀清设圣库于武昌长街，纳存珍宝。于城内设馆，令人民到馆申报名氏年籍，登簿记注。初令十人一馆，后来改为二十五人一馆，分设头目领之，每日分给米盐等物。

进贡公所 咸丰二年十二月初九日（1853年1月17日），太平军天王洪秀全入武昌城，居巡抚衙门。十二月初十日（1853年1月18日），洪秀全于武昌设进贡公所，使民间进贡金银钱米等物。杨秀清命武昌妇女入馆，以二十五人并居一家。

朝鲜使臣徐有熏等入觐 咸丰二年十二月二十九日（1853年2月6日），土司宣慰司坚参生郎多吉等三人及朝鲜正使判中枢府事徐有熏、副使礼曹判书李寅皋、书状官司宪府兼掌令宋谦洙三人入觐于午门外。

太平军离武昌东下 咸丰三年正月初二日（1853年2月9日），太平军天王洪秀全等由草湖、汉阳等门出武昌省城东下，焚浮桥。翼王石达开等为先锋，春官正丞相胡以晃等带领陆兵，分两岸夹

1853	咸丰三年	正月初六日，**暹罗使臣入觐**。
1853	咸丰三年	正月初八日，**复诏湖南、广西办理团练**。
1853	咸丰三年	正月初九日，**班禅额尔德尼涅槃**。
1853	咸丰三年	正月十七日，**太平军攻占安庆**省城。

江以行，天官正丞相秦日纲等带领水兵，船万余只，帆樯如云，蔽江而下，沿途布告安民，并令富人助饷。

暹罗使臣入觐 咸丰三年正月初六日（1853年2月13日），暹罗国正使披耶司豁哩巡段亚派拏车突等四人入觐于午门。

诏湖南、广西办理团练 清文宗以嘉庆年间川楚教乱蔓延数载，嗣行坚壁清野之法，令民团练保卫，旋就荡平。咸丰三年正月初八日（1853年2月15日），诏广西、湖南督抚分饬所属，各就地方情形，妥筹办理，或筑寨浚濠，联村为堡，或严守险隘，密拏奸宄。无事则各安生业，有事则互卫身家，一切经费，均归绅耆掌管，不假吏胥之手，所有团练壮丁，亦不得远行征调。

班禅额尔德尼涅槃 咸丰三年正月初九日（1853年2月16日），班禅额尔德尼涅槃，经原任驻藏办事大臣具折奏闻。四月初一日（1853年5月8日），派驻藏帮办大臣淳龄至班禅额尔德尼灵前赐奠。除赏银五千两即由藏库动支交扎萨克喇嘛朗结曲丕先在班禅额尔德尼灵前做好事外，其缎匹哈达等物，照例派委司员送往。其御用珍珠手串一件、珊瑚数珠一串、经一部先由驿交穆腾额等陈设灵前。

太平军攻占安庆 咸丰三年正月十一日（1853年2月18日），太平军翼王石达开督先锋水师攻占

1853	咸丰三年	正月二十六日，**黄河丰北决口合龙**。
1853	咸丰三年	二月初二日，**琉球正副使入觐**于东安门内。
1853	咸丰三年	二月初五日，**捻匪窜扰**河南永城县。

九江，焚衙署庙宇。正月十四日（1853年2月21日），石达开部过小孤山入安徽境。正月十六日（1853年2月23日），太平军占领江西彭泽。正月十七日（1853年2月24日），石达开督先锋军一日之间攻占安庆省城，得银三十万两，炮百余尊，安徽巡抚蒋文庆死之。同日，胡以晃督陆师先锋军攻占湖北蕲州。正月二十七日（1853年3月6日），钦差大臣两江总督陆建瀛奉旨革职拏问，解交刑部治罪。以江宁将军祥厚为钦差大臣，兼署两江总督。

黄河丰北决口合龙 黄河丰北决口后，命江南河道总督杨以增督办大工，咸丰三年正月二十日（1853年2月27日），启放引河，大溜挟凌下注，甚为畅顺。正月二十六日（1853年3月5日），挂缆合龙，竭一昼夜之力追压到底，正溜悉归故道，顺轨东趋，运河并无淤塞。

琉球正副使入觐 咸丰三年二月初二日（1853年3月11日），琉球国正使耳目官毛种美，副使正议大夫蔡士俊二人入觐于东安门内。

捻匪窜扰 咸丰三年二月初五日（1853年3月14日），大股捻匪窜扰河南永城县薛家湖地方，经归德府知府陈介眉等督带兵勇分路夹击，捻匪败逃。二月二十二日（1853年3月31日），捻匪窜入虞城县大杨家集等处肆掠。二月二十四日（1853年4月2日），捻匪折回商永交界马头寺，经官兵捕

1853	咸丰三年	二月十一日，分路进攻，**太平军入南京**，攻破内城。
1853	咸丰三年	二月十三日，为援救南京，上海**英国领事覆函**吴健彰。
1853	咸丰三年	二月十四日，**太平军编查南京户口**。

拏陈毛等要犯就地正法。

太平军入南京 咸丰三年正月二十九日（1853年3月8日），太平军翼王石达开等开始进攻南京。二月初三日（1853年3月12日），太平军大队约五十万到南京。江宁将军祥厚守仪凤门，两江总督陆建瀛守聚宝门。二月初九日（1853年3月18日），太平军间谍进入南京城内，散言明日城破。二月初十日（1853年3月19日），太平军以地雷轰塌南京仪凤门城墙，冲入城内，两江总督陆建瀛等死之。二月十一日（1853年3月20日），太平军大队自聚宝门、水西门入城，攻破内城，江宁将军祥厚等死之，驻防旗人二万余几全被杀。

英国领事覆函 咸丰三年二月十三日（1853年3月22日），上海英国领事阿礼国（Sir Rutherford Alcock, 1809－1897）覆书苏松太道吴健彰，关于派舰援救南京一事，请由两江总督直接与英国全权代表相商。二月二十九日（1853年4月7日），英使文翰覆上海道吴健彰声明除保护英人生命财产外，不能以兵相助。

太平军编查南京户口 咸丰三年二月十三日（1853年3月22日），东王杨秀清布告南京百姓，认识天父，归顺天王，同打江山，共享天福。又传令将南京城内男女分别男行女行，令男女分馆，百

1853	咸丰三年	二月二十日,天王洪秀全入南京城,**改名天京**。
1853	咸丰三年	二月二十三日,**太平军占领扬州**。
1853	咸丰三年	二月二十六日,诏查缉闽浙赣**封禁山**。
1853	咸丰三年	三月初六日,武英殿遵旨**刊刻坚壁清野议**,进呈样本。

工亦各归行。二月十四日(1853年3月23日),太平军关闭南京城门,编查户口,男子随营,二十五人为一牌;妇女入馆,二十五人为一馆。

改名天京 咸丰三年二月二十日(1853年3月29日),太平军天王洪秀全自南京水西门入城,以两江总督衙门为天王府,正式建都,改南京为天京。

太平军占领扬州 咸丰三年二月二十二日(1853年3月31日),太平军指挥罗大纲等占领镇江,江苏巡抚杨文定走江阴。向荣结营于南京城东孝陵卫一带,称为江南大营。二月二十三日(1853年4月1日),太平军地官正丞相李开芳等占领扬州,清军副将朱占鳌死之。三月初一日(1853年4月8日),漕运总督杨殿邦奉旨革职。三月初九日(1856年4月16日),钦差大臣琦善、直隶提督陈金绶、内阁学士胜保结营于扬州城外,称为江北大营。

封禁山 福建、浙江、江西等省交界地方,有铜塘山,久经封禁,并设立塘汛,拨兵防守,因奉行日久,地方官视为具文。咸丰三年二月二十六日(1853年4月4日),以铜塘山界连三省,地多险阻,奸匪易滋,命福建、浙江、江西各督抚严饬地方员弁认真巡查会缉。

1853—1853

1853	咸丰三年	三月十三日，诏各省团练**缉拏土匪格杀勿论**。
1853	咸丰三年	三月二十日，诏**禁京城内外流民**。
1853	咸丰三年	三月二十日，英使文翰至天京，说明**英国中立态度**。

刊刻坚壁清野议 清文宗屡颁谕旨，令直省仿照嘉庆年间坚壁清野之法办理团练，并令武英殿刊刻明亮、德楞泰《筑堡御贼疏》，龚景瀚《坚壁清野议》及示谕条款，颁发通行，复令将咸丰三年（1853）两次谕旨一并刊刻，冠诸简端。是年三月初六日（1853年4月13日），据惠亲王等奏业已刊板刷印装成样本进呈。同日，奉旨命颁发各直省督抚广为刊布，督同在籍帮办团练之绅士实力奉行。

缉拏土匪格杀勿论 咸丰三年三月十三日（1853年4月20日），以剿办太平军，各处土匪难保不乘间纠伙滋扰，为安戢闾阎，命各省督抚一体饬属随时查访，实力缉拏，如有土匪成群抢劫，于捕获讯明后即行就地正法，并饬各属团练绅民合力缉拏，格杀勿论。

禁京城内外流民 咸丰三年三月二十日（1853年4月27日），以京城街市穷民多有外省口音，各城外有用小车推载行李沿途乞食者，难免奸宄混迹，别生事端，畿辅重地，尤宜严查，嗣后外省流民，命步军统领、顺天府尹随时资遣，令回本籍。其京城内外流民，命步军统领、顺天府、五城，一体稽查，妥为安插。

英国中立 咸丰三年三月十五日（1853年4月22日），英使文翰等乘坐哈尔米士（Hermes）舰自上海西上视察。三月二十日（1853年4月27日），到天京，派翻译密迪乐（Thomas Taylor Meadows, 1815—1868）入城晤北王韦正

1853	咸丰三年	三月二十一日，**徐广缙奉旨斩监候秋后处决**。
1853	咸丰三年	三月二十三日，定各省**捐资备饷**，增广学额。
1853	咸丰三年	四月初六日，**福建小刀会**响应太平军，入城戕官。

等，说明英国中立态度。太平军指挥罗大纲致书文翰，劝英人勿助清军。三月二十六日（1853年5月3日），文翰自天京至镇江，遣密迪乐与罗大纲等会晤。罗大纲劝英人勿助清军，勿售鸦片。文翰覆书允守中立。

徐广缙奉旨斩监候秋后处决 太平军进入湖南后，两广总督徐广缙奉特旨简派钦差大臣，署湖广总督，接办军务，惟徐广缙沿途行走迟延，太平军由湖南进入湖北后，汉阳、武昌相继失守，徐广缙株守岳州，一筹莫展，调度失宜，大学士、军机大臣会同刑部定拟治罪，咸丰三年三月二十一日（1853年4月28日），奉旨，徐广缙按律定为斩监候，秋后处决。

捐资备饷 自太平军起事以来，历经三载，需饷浩繁，清文宗特命大学士裕诚等会同户部议奏申劝捐输，以裕军饷。咸丰三年三月二十三日（1853年4月30日），命各省督抚，妥为劝导，无论已捐未捐省份，凡绅士商民捐资备饷一省至十万两者，准广该省文武乡试中额各一名。一厅州县捐至二千两者，准广该处文武试学额各一名。其捐生本身应得奖叙，仍准奏请另予恩施。

福建小刀会 咸丰年间，福建会党盛行，主要为小刀会、红会、红钱会、江湖会、闹公会等，太平军自武昌东下后，福建小刀会群起响应。咸丰三年四月初六日（1853年5月13日），小刀会突入漳州府属海澄县城，焚毁衙

1853—1853

1853	咸丰三年	四月十一日，太平军北伐，**破安徽临淮关**。
1853	咸丰三年	四月二十三日，**剿办抗粮戕官匪徒**。
1853	咸丰三年	四月二十四日，南掌国遣使**叩关进贡**。
1853	咸丰三年	五月初一日，美国对中国内战采取**不干涉政策**。

署，夺犯戕官。四月十一、十二（1853年5月18、19日）等日，署漳州镇曹三祝、汀漳龙道文秀等人先后被杀。四月十二日（1853年5月19日）晨，小刀会数百人竖梯拥入安溪县城，焚毁文武衙门，同安、厦门相继失守。四月十五日（1853年5月22日），小刀会攻陷永安县城。四月二十九日（1853年6月5日），小刀会又攻扑延平及大田、德化、永春等州县。

破安徽临淮关 咸丰三年四月初一日（1853年5月8日），太平军定胡侯李开芳、靖胡侯林凤祥等自扬州经仪征西进，开始北伐。四月初六日（1853年5月13日），北伐军李开芳等在浦口上岸。四月初八日（1853年5月15日），北伐军占领浦口。四月初九日（1853年5月16日），北伐军破安徽滁州。四月十一日（1853年5月18日），北伐军破安徽临淮关。

剿办抗粮戕官匪徒 湖北广济县民抗粮戕官，经湖北按察使江忠源前赴江南军营之便，先行率兵剿捕，并经署提督阿勒经阿等前往会剿。咸丰三年四月二十三、四（1853年5月30、31日）等日，先后接仗，歼毙匪徒五百余名。四月二十七日（1853年6月3日），官兵乡勇跟追溃散。

叩关进贡 南掌国为清朝属邦，定例十年一贡。咸丰三年（1853），因届十年例贡，又逢庆祝御极表文

1853	咸丰三年	五月初四日,**哲布尊丹巴呼图克图寓馆移回原寓处**。
1853	咸丰三年	五月十二日,**太平军围攻开封**。
1853	咸丰三年	五月二十五日,黄河南岸**太平军自氾水折而南走**。

贡物。是年四月二十四日（1853年5月31日），南掌国王遣使叩关，赍呈表文、大象等贡物。

不干涉政策 咸丰三年五月初一日（1853年6月7日），美国国务卿马西（William Learned Marcy, 1786—1857）训令公使马沙利（Humphrey Marshall, 1812—1872）对中国内战采取不干涉政策。

哲布尊丹巴呼图克图寓馆移回原寓处 哲布尊丹巴呼图克图寓馆十余年来，转生五、六世，均未长生，旋即涅槃。诺们罕等询明班禅额尔德尼，若由寓馆移回原寓处，必定吉祥。咸丰三年五月初四日（1853年6月10日），经理藩院议准将寓馆移回原寓处。

太平军围攻开封 咸丰三年四月二十一日（1853年5月28日），太平军李开芳、林凤祥等督率北伐军破安徽凤阳。四月二十六日（1852年6月2日），破怀远。四月三十日（1852年6月6日），破蒙城。五月初四日（1852年6月10日），破亳州。五月初十日（1852年6月16日），北伐军破河南睢州。五月十二日（1852年6月18日），北伐军由陈留至开封城外村庄扎营。五月十三日（1852年6月19日），李开芳等进攻开封城，不克。五月十四日（1852年6月20日），兵勇出城烧毁村庄。五月十六日（1852年6月22日），李开芳等解开封围，由朱仙镇中牟西进。

1853	咸丰三年	五月二十七日，**琦善猛攻扬州**，尚未克复。
1853	咸丰三年	五月二十八日，美使马沙利会晤怡良，面交照会。
1853	咸丰三年	五月二十八日，黄河陡涨，**丰工西坝漫塌**。
1853	咸丰三年	五月二十九日，绅士水陆**进攻瓜洲太平军**，不克。

太平军自汜水折而南走 咸丰三年五月十九日（1853年6月25日），李开芳等率领北伐军经河南郑州荥阳抵汜水，前队进向巩县。五月二十一日（1853年6月27日），李开芳等由汜水渡河。五月二十五日（1853年7月1日），平胡侯吉文元所带太平军在黄河南岸因受江宁将军托明阿马队追击，不得北渡，自汜水、巩县折而南走。

琦善猛攻扬州 咸丰三年五月二十七日（1853年7月3日），琦善猛攻扬州，令总兵双来用万余觔大炮将城垣轰塌，因有机可乘，双来用木棍作为浮桥过河支架云梯，首先奋勇直上，用火箭将城内房屋烧毁数处。太平军在城楼施放枪炮，点燃城下板屋火焰熏蒸。总兵双来左颊被枪弹打折二齿。是役，登城官兵因无接应，仍行退出，扬州城尚未克复。

马沙利会晤怡良 马沙利为美国全权代表，咸丰三年（1853）五月，马沙利要求会晤两江总督怡良。五月二十二日（1853年6月28日），怡良由常州府启程。五月二十五日（1853年7月1日），怡良行次苏州府属昆山县。五月二十八日（1853年7月4日），苏松太道吴健彰带同马沙利在昆山城内公所见面，面交照会，要求入觐。

丰工西坝漫塌 咸丰三年五月二十八日（1853年7月4日），风雨大作，黄河水势抬高，致将丰工

		1853-1853
1853	咸丰三年	六月初七日，官军**收复台湾凤山**县城。
1853	咸丰三年	六月初八日，**永定河蛰堤漫溢**。
1853	咸丰三年	六月十一日，以章嘉呼图克图呼毕勒罕**出痘安适**，加恩赏赐。
1853	咸丰三年	六月十六日，**俄罗斯要求开放海口贸易**，理藩院移咨拒之。

大坝西首土基平漫，立形坐蛰，二坝亦有漫塌。其西坝尾土基漫塌口门至八十七丈之多。

进攻瓜洲太平军 太平军占领扬州、瓜洲、虹桥后，当地绅士办理团练。咸丰三年五月二十九日（1853年7月5日），侍读衔内阁中书钟淮等约会艇船，水陆进攻，齐抵瓜洲。因风色陡转，艇船下退，众寡不敌，以致瓜洲未能收复，兵勇多有伤亡，内阁中书钟淮力竭捐躯，已革扬州守备方纲被戕。

收复台湾凤山 咸丰三年（1853）四月间，台湾县人李石竖旗起事，知县高鸿飞被杀。凤山县人林恭亦聚众起事，攻陷凤山县城，杀知县王廷干。是年六月初七日（1853年7月12日），署凤山县知县郑元杰、署南路营参将曾元福等内外夹攻，收复凤山县城。

永定河蛰堤漫溢 咸丰三年六月初八日（1853年7月13日），永定河水势骤涨，南三工十三号堤身坐蛰，时当昏夜，人力难施，致塌宽三十七丈，掣动大溜，民房田禾被淹没。

出痘安适 前世章嘉呼图克图久住京师，于黄教大有裨益。章嘉呼图克图呼毕勒罕转世，因未经出痘，不克入京。咸丰三年（1853）四月内，章嘉呼图克图呼毕勒罕出痘，身体安适吉祥。六月十一日（1853年7月16日），

1853	咸丰三年	六月十八日,浙江**温州风雨成灾**。
1853	咸丰三年	六月二十一日,**浙江台州大水**,城墙冲塌。
1853	咸丰三年	六月二十五日,**朝鲜使臣姜时永等入觐**。
1853	咸丰三年	六月二十六日,命巡防王大臣**抄录《兵法要览》**。

加恩赏赐佛一尊,经一卷,哈达一块,珊瑚朝珠一挂,表一个,大荷包一对,小荷包四个。

俄罗斯要求开放海口贸易
俄罗斯要求允其大臣普提雅廷(Count Admiral Euphimius Vasilievitch, 1803—1883)进上海口歇息,并准俄罗斯商人进海口贸易。咸丰三年六月十六日(1853年7月21日),理藩院移咨俄罗斯萨那特衙门,添设海口,不但内地商贩难以分售,即俄罗斯费用尤多,获利转少,既无利益,不必徒劳跋涉。俄罗斯萨那特衙门于1853年10月4日,咨覆理藩院以海口贸易,并无窒碍,请求转奏皇帝。咸丰三年十二月十七日(1854年1月15日),军机大臣遵旨寄信两广总督叶名琛、两江总督怡良等将应如何办理之处妥筹具奏。

温州风雨成灾 咸丰三年六月十八日(1853年7月23日)起,浙江温州府地方狂风大雨历八昼夜之久,山水涨发,江潮泛溢入城,低洼田庐及城厢内外铺户,均遭淹浸,小民谋食维艰。

浙江台州大水 咸丰三年六月十九(1853年7月24日)等日,浙江台州府地方风雨大作,山水下注,江湖泛溢,四乡民舍田禾均遭淹没。六月二十一日(1853年7月26日),雨势愈大,西门城墙被水冲塌,城内水深丈余,衙

1853	咸丰三年	七月二十五日，福建添设炉座，兼**铸大钱**。
1853	咸丰三年	七月二十八日，太平军久攻怀庆不下，撤围西去，**怀庆围解**。
1853	咸丰三年	八月初五日，**会党攻陷上海**县城。

署仓狱，几成巨浸，被水淹没之民，死伤枕藉。

朝鲜使臣姜时永等入觐 咸丰三年六月二十五日（1853年7月30日），朝鲜国正使判中枢府事姜时永、副使礼曹判书李谦在、书状官司宪府兼执义赵云卿三人入觐于神武门外。

抄录《兵法要览》 咸丰三年六月二十六日（1853年7月31日），以通政使李道生呈进《兵法要览》一册，奉旨交巡防王大臣等抄录一份，以备采择。

铸大钱 京师户、工两局添铸当十大钱，与制钱搭放行用，极为便利，经户部奏明通行各直省照式增铸大钱，酌拟章程试办。咸丰三年七月二十五日（1853年8月29日），福建巡抚王懿德奏准于福建宝福局添设两炉试铸当十、当二十、当五十、当百大钱，其原设炉座，仍按卯鼓铸，制钱与大钱，相辅而行。

怀庆围解 咸丰三年五月二十一日（1853年6月27日），太平军李开芳等由河南汜水渡河后，于五月二十六日（1853年7月2日）破温县。六月初二日（1853年7月7日），李开芳、林凤祥、吉文元等带领北伐军围怀庆府。围攻怀庆府约六旬，久攻不下，七月二十八日（1853年9月30日），李开芳等撤围西去。据将军托明阿等奏报，七月二十二日（1853年8月

1853—1853

1853	咸丰三年	八月初十日，官兵**剿平东川、寻甸回乱**。
1853	咸丰三年	八月十五日，**三合会攻占江苏青浦县城**。
1853	咸丰三年	八月十七日，翰林阅看《三礼通释》。

26日）接仗时，太平军丞相林凤祥、李开芳被炮击伤。

会党攻陷上海 刘丽川是广东香山人，道光二十五年（1845）十月，加入三合会。咸丰初年，上海小刀会起事，刘丽川被推为总首领。咸丰三年八月初五日（1853年9月7日），三合会攻陷上海县城，杀署知县袁祖惪等。初十日（1853年9月12日），陷宝山。初十日（1853年9月12日），陷南汇。十一日（1853年9月13日），陷川沙。十五日（1853年9月17日），陷青浦。

剿平东川、寻甸回乱 咸丰初年，云贵东川、寻甸地方，回民首领马二花等聚众起事，盘踞东川翠云寺小雪山，云贵总督罗绕典等令总兵王国才带兵追剿。咸丰三年八月初一日（1853年9月3日），马二花率回民千余人由柳树村突出攻击官兵，王国才等督兵练抵抗，追至翠云寺。八月初十日（1853年9月12日），擒获马二花等，安插难回一万三千余人，东川、寻甸一律肃清。

三合会攻占江苏青浦 咸丰二年（1852）五月间，江苏青浦县已革地保周立春纠约邻图地保李章等带同乡民到青浦县衙门求缓钱漕，闹堂殴官拒捕逃避。咸丰三年（1853）七月，周立春藉宽免钱漕为名，纠约数千人倡立三合会。八月初三、初五（1853年9月5、6日）等日，劫掠嘉定、上海，占据宝山、南汇、川沙等城池，进攻太仓城。八月十五日（1853年9月16日），攻占青浦县

1853	咸丰三年	八月十九日,诏禁蒙古人学习汉字。
1853	咸丰三年	八月二十日,恩赏达赖喇嘛哈达、念珠。
1853	咸丰三年	八月二十三日,太平军北伐,攻陷山西潞城。

城,旋攻嘉定,兵败被擒。

三礼通释 福建举人林昌彝所进《三礼通释》一书,经礼部进呈,奉旨交南书房翰林详加阅看。据南书房翰林奏称,举人林昌彝尚能旁征博引,留心载籍,不为浮靡之学,惟缮写尚多脱误,业经逐卷黏签。咸丰三年八月十七日(1853年9月19日),命礼部将原书发交举人林昌彝照签改正后再行进呈。林昌彝将原书脱误详校改正后,仍由礼部进呈。同年九月初七日(1853年10月9日),以林昌彝留心经训,征引详明,命以教授归部选用。

禁蒙古人学习汉字 咸丰三年八月十九日(1853年9月21日),以蒙古人起用汉名,学习汉字文艺,词讼用汉字,殊失旧制,命理藩院通行晓谕内外各扎萨克部落,嗣后凡蒙古人务当学习蒙文,不可任令学习汉字。

恩赏达赖喇嘛 西藏达赖喇嘛因太平军起事,占领数省,军民不能安生,率各呼图克图喇嘛等在西藏所有庙宇内熬茶唪经祈祷,俾及早平定太平军。咸丰三年八月二十日(1853年9月22日),加恩赏给达赖喇嘛哈达一方、念珠一串,交驻藏大臣转赏。

攻陷山西潞城 李开芳是太平军地官正丞相,林凤祥是天官副丞相。咸丰三年(1853)三月,太平天国天王洪秀全封李开芳为定胡侯,封林凤祥为靖胡侯,令其北伐。八月二十三日(1853年9月25日),李开芳等攻陷山西潞城。八月二十四日(1853年9月26

1853—1853

1853	咸丰三年	八月二十八日，**太平军破沙河**，知县等遇害。
1853	咸丰三年	九月十八日，诏颁**银钱钞法**与银票相辅通行。
1853	咸丰三年	九月二十日，太平军**李开芳等撤离直隶深州**。
1853	咸丰三年	九月二十三日，剿败**阜亳捻匪**。

日），李开芳等攻陷山西黎城后入河南涉县。

太平军破沙河 咸丰三年八月二十七日（1853年9月29日），北伐太平军李开芳等由河南涉县入直隶，下临洺关，分防同知周宪曾遇害。八月二十八日（1853年9月30日），李开芳等由临洺关攻破沙河县城，知县玉衡因众寡不敌，在县城狱门外身受七伤殒命。其妻妾同时遇害。

银钱钞法 道光年间以来，因银价昂贵，需用浩繁，民间生计维艰，为使钞票与银钱兼权，巡防王大臣、大学士、军机大臣、户部会奏，请令京师及各直省均由户部颁行银票钱钞，任听民间日用行使，并完纳地丁钱粮、盐关税课及一切交官等项，俾文武官员军民人等咸知银票即是实银，钱钞即是制钱，核定成数，搭放搭收，以期上下一律流通。咸丰三年九月十八日（1853年10月20日），奉旨即照所议，由户部制造钱钞颁发中外，与银票相辅通行。

李开芳等撤离直隶深州 咸丰三年九月初八日（1853年10月10日），北伐太平军李开芳等攻占直隶深州。九月十九日（1853年10月21日），清军西凌阿、善禄由西北、西南进攻深州城；绵洵、桂龄由东南进攻；胜保亲督马步各队由东北面进攻。九月二十日（1853年10月22日）夜间，李开芳率太平军由深州城东南撤出东走。九月二十五日（1853年

1853	咸丰三年	九月二十六日，清军**收复九江郡城**。
1853	咸丰三年	九月二十七日，**缅甸贡使抵铁壁关**。
1853	咸丰三年	十月初十日，**琉球接贡船进口**。
1853	咸丰三年	十月十一日，官军**克复福建厦门全岛**。

10月27日），李开芳攻破沧州，大肆焚杀，死者逾万。九月二十七日（1853年10月29日），李开芳等连下静海、独流、杨柳青。九月二十八日（1853年10月30日），太平军进攻天津，善禄、西凌阿由东南进攻，胜保由西南进攻，双方伤亡惨重。

阜亳捻匪 咸丰三年九月二十一日（1853年10月23日），捻匪三四千人在安徽阜亳交界孙村店一带焚掠肆扰，给事中袁甲三督带兵勇追剿。九月二十三日（1853年10月25日），双方在高公庙激战，捻匪不支，败走。

收复九江 咸丰三年八月二十七日（1853年9月29日），太平军石贞祥等攻占九江府城。九月二十六日（1853年10月28日），署九江府事义泰、九江府同知颜贻曾等督率绅民兵勇并力攻剿，收复郡城。

缅甸贡使抵铁壁关 定例，缅甸十年一贡。咸丰三年九月十五日（1853年10月17日），缅甸先遣头人细于觉丁到铁壁关投呈遣使闷腊桑邓等赍表进贡。九月二十七日（1853年10月29日），贡使带同象只物件入关。

琉球接贡船进口 咸丰三年十月初十日（1853年11月10日），琉球国接贡船一只及护送福建漳、泉难民琉球船两只由福建南台进口。

克复福建厦门全岛 太平军自武昌东下后，福建小刀会乘机起事。咸丰三年四月初六日（1853年5月13日），小刀会党突入漳

1853	咸丰三年	十月二十九日，**太平军攻陷舒城**。
1853	咸丰三年	十一月十七日，官兵击退会党，**克复福建仙游**县城。
1853	咸丰三年	十一月二十一日，户部奏准铸造**当千大钱**。
1853	咸丰三年	十一月二十三日，**太平军大败胜保**于独流。

州府属海澄县城，夺犯戕官。四月十二日（1853年5月19日）清晨，小刀会党拥入安溪县城，焚毁衙署。随后同安、厦门亦相继失守。四月十五日（1853年5月22日），小刀会党又陷永安等县城。同年十月十一日（1853年11月11日），提督施得高、李廷钰等克复厦门全岛。同安、海澄等小刀会党先后解散。

太平军攻陷舒城 咸丰三年十月二十九日（1853年11月29日）申刻，太平军胡以晃攻陷安徽舒城，工部侍郎奉旨回籍督办团练吕贤基死之。舒城防剿总兵恒兴败逃，于十月三十日（1853年11月30日）丑刻退至庐州。十一月初五日（1853年12月5日），以恒兴退缩畏葸无能，奉旨著即行正法。十一月初八日（1853年12月8日），吕贤基追赠尚书衔，照尚书例赐恤。

克复福建仙游 福建小刀会起事后，攻城略地，势力日盛。咸丰三年（1853）八月，小刀会首领林俊率众攻占仙游县城。同年九月间，当地会党乘机响应。会中有黑旗、白旗之分，占据晋江、南安交界之云峰等乡。清军副将吕大陞督兵乘夜进剿。十一月十七日（1853年12月17日），林俊率众出城败退，官兵克复仙游县城。

当千大钱 咸丰三年（1853）十一月，户部遵旨议覆推广铸造大钱，当千大钱，以重二两为率，以次酌量递减。十一月二十一日（1853年12月21日），奉旨即照

1853	咸丰三年	十一月二十五日,后藏金塔寺供奉舍利。
1854	咸丰三年	十二月十二日,诏准哲布尊丹巴呼图克图之新呼毕勒罕用黄布围墙、黄色车轿。
1854	咸丰四年	正月十六日,户部议准浙江海运改由刘河口受兑放洋。

部议,当千当五百大钱,均用净铜铸造,务使磨镟精工,色泽光润。当百、当五十、当十、当五大钱,亦须配铸精良,一律完整,与制钱相辅相行。

太平军大败胜保 咸丰三年十一月二十三日(1853年12月23日),胜保督带官兵前赴下西河一带相度地势,李开芳等率领太平军出独流县城,大败官兵,副都统佟鉴、天津县知县谢子澄等阵亡。

金塔寺供奉舍利 班禅额尔德尼是后藏呼图克图喇嘛总师长喇嘛,深通经艺。班禅额尔德尼涅槃后,其徒众修理金塔寺。咸丰三年十一月二十五日(1853年12月25日),将舍利供奉于金塔,系吉祥之事。是年十二月十三日(1854年1月11日),清文宗赏给白哈达一幅,念珠一串。

新呼毕勒罕用黄布围墙、黄色车轿 定例,哲布尊丹巴呼图克图所用黄布围墙、黄色车轿,例应坐床后方准使用。咸丰三年十二月十二日(1854年1月10日),因由西藏迎接新呼毕勒罕,又念哲布尊丹巴呼图克图累世推广黄教,护持蒙古,迎接新呼毕勒罕,准其沿途即用黄布围墙、黄色车轿,其所用黄伞蓝旗,亦著照常使用。

浙江海运 咸丰四年正月十六日(1854年2月13日),户部筹议浙江办理海运,改由江苏刘河口受兑放洋,经浙江巡抚黄宗汉派员妥办,是日,奉旨命两江总督怡

1854—1854

1854	咸丰四年	正月十六日,英国外相训令英使**修订《中英条约》**。
1854	咸丰四年	正月二十八日,曾国藩发布**讨粤匪檄**。
1854	咸丰四年	二月初五日,官兵进攻瓜洲太平军,**总兵阵亡**。
1854	咸丰四年	二月初八日,御文华殿举**行经筵礼**。

良等派委熟谙海运大员驻扎刘河口,会同浙江委员设局妥速筹办。

修订《中英条约》 咸丰四年正月十六日(1854年2月13日),英国外相卡灵顿(Earl of Clarendon, 1800—1870)训令新任英使兼香港总督包令(Sir John Bowring, 1792—1872)进行修订《中英条约》,开放各港,长江通商,北京驻使,鸦片上税。

讨粤匪檄 咸丰四年正月二十八日(1854年2月25日),侍郎曾国藩督湘勇自衡州向长沙进军,发布讨粤匪檄。

总兵阵亡 咸丰三年十一月二十六日(1853年12月26日),太平军检点曾立昌撤出扬州,南走瓜洲。咸丰四年二月初三日(1854年3月1日),总兵瞿腾龙带兵由瓜洲西岸进攻。二月初五日(1854年3月3日),官兵两岸分队进攻,总兵瞿腾龙亲督前队由西岸深入,力战阵亡。

行经筵礼 咸丰四年二月初八日(1854年3月6日),清文宗诣传心殿拈香。辰刻,御文华殿,举行经筵礼,讲官文庆、贾桢进讲《中庸·诚者天之道》。宣御论礼成,幸文渊阁,赐讲官及听讲诸臣茶。

厘金制度 厘金,又称厘捐,是水陆关卡征收的货物通过税。咸丰四年三月初十日(1854年4月7日),督办扬州军务刑部侍郎雷

1854	咸丰四年	三月初十日，雷以諴推行**厘金制度**。
1854	咸丰四年	三月十五日，**太平军攻占山东临清州城。**
1854	咸丰四年	三月二十日，**诏铸铁钱**与铜钱并行。
1854	咸丰四年	三月二十二日，诏**册封妃嫔**金册著改用银质镀金。

以諴将厘捐制度推行于里下河各州县米行及各大铺户。是日，仙女庙起捐。

太平军攻占山东临清 咸丰四年正月初九日（1854年2月6日），太平军夏官正丞相黄生才等奉东王杨秀清之命，自扬州浦口取道安徽，北援李开芳等。正月十一日（1854年2月8日），破舒城。正月十七日（1854年2月14日），破六安州。二月初七日（1854年3月5日），自安徽蒙城会合捻匪北进。二月十二日（1854年3月10日），自丰工北渡黄河。二月二十日（1854年3月18日），破山东金乡。二月二十九日（1854年3月27日），破阳谷。三月初三日（1854年3月31日），围攻临清州。三月十五日（1854年4月12日），黄生才督带太平军用地雷轰陷西南正西城墙，临清州城被北援太平军黄生才等攻占。

诏铸铁钱 咸丰四年三月二十日（1854年4月17日），恭亲王奕訢等以户工二局所铸大钱，业已畅行，试铸铁钱有效，请旨办理。同日奉旨，命惠亲王等悉心详定章程，添炉鼓铸，所拟设厂安炉各款均著照所议办理。

册封妃嫔 礼部为册封懿嫔制造金册采仗具题请旨，咸丰四年三月二十二日（1854年4月19日），内阁奉谕旨，应用金册著改为银质镀金。嗣后册封皇贵妃、贵妃

1854—1854

1854	咸丰四年	三月二十四日，诏于江南北试行**捐厘助饷**。
1854	咸丰四年	四月初三日，**太平军自山东冠县南走**。
1854	咸丰四年	四月十三日，诏颁**大钱式样**。
1854	咸丰四年	四月十五日，诏八旗人员**练习清文**。
1854	咸丰四年	四月二十五日，俄罗斯东部西伯利亚总督木

及妃应制金册金宝，册封嫔应制金册，均著改用银质镀金。

捐厘助饷 咸丰初年，太平军势力方兴未艾，需饷孔亟，金陵失陷后，饷源益形枯竭。副都御史雷以諴以刑部侍郎在江北扬州帮办军务。咸丰三年（1853）九月，雷以諴为筹措饷糈，在扬州附近的仙女庙等地，倡办厘捐。咸丰四年（1854）春，又推广至里下河各州县米行，一律照章捐厘。是年三月二十四日（1854年4月21日），以捐厘助饷办有成效，命两江总督怡良、江苏巡抚许乃钊、漕运总督杨以增各就江南北地方，劝谕绅董筹办，以裕军饷。

太平军自山东冠县南走 咸丰四年三月二十五日（1854年4月22日），黄生才等带领太平军北援李开芳，以山东临清粮绝，弃城南走。四月初三日（1854年4月29日）亥刻，黄生才等由冠县乘夜南走。

大钱式样 咸丰四年四月十三日（1854年5月9日），内阁奉谕旨，命户部将各项大钱式样发给如式铸造，清文用"宝泉"字样。

练习清文 咸丰四年四月十五日（1854年5月11日），内阁奉谕旨，新授国子监满洲司业苏勒布不谙清文，降为编修。嗣后无论何项出身人员，均宜练习清文，通晓讲解，八旗大臣务当认真训迪。

木里斐岳幅（Count Nicolai

1854—1854

		里斐岳幅率船东入黑龙江。
1854	咸丰四年	五月初二日,以西藏古庙修理完竣**颁赏匾额**。
1854	咸丰四年	五月初四日,太平军**李开芳攻占山东高唐**州城。
1854	咸丰四年	五月十六日,**太平军攻陷湖南常德**府城。

Nikolayevich Muravyev-Amursky,1809—1881)木里斐岳幅是俄罗斯东部西伯利亚总督。咸丰四年四月二十五日(1854年5月21日),木里斐岳幅率兵八百、汽船一艘、木船五十只,自尼布楚东入黑龙江。同年五月二十九日(1854年6月24日),命军机大臣寄信吉林将军景淳等一体严防,密为布置。

颁赏匾额 西藏迤南敏珠尔伦济珠布贝庙,原系西藏古老大庙,因年久未修,达赖喇嘛派委噶卜伦旺曲揭布变通修理,兴工数年,咸丰四年五月初二日(1854年5月28日),以古庙修竣,加恩颁赏四字匾额,噶卜伦旺曲揭布赏给虚公爵,准其戴红宝石顶。

李开芳攻占山东高唐 咸丰四年五月初二日(1854年5月28日),太平军李开芳等自连镇突围南走,进入山东,胜保督带马队追击。五月初四日(1854年5月30日),太平军围攻高唐州,知州魏文翰、守备吉麟毫无防备,州城遂被太平军攻占。

太平军攻陷湖南常德 咸丰四年五月十三日(1854年6月8日),太平军曾天养自荆州进入湘西。五月十六日(1854年6月11日),太平军攻陷常德府城,知府景星、副将富勒敦等遇害,骆秉章督饬水陆将弁分路进剿。

1854—1854

1854	咸丰四年	五月十九日，**美使致书**国务卿太平军无统治能力。
1854	咸丰四年	五月二十八日，**云南回汉冲突**。
1854	咸丰四年	六月初二日，**太平军攻陷湖北武昌省城**。
1854	咸丰四年	六月十七日，美国提督**柏理**与琉球订约。
1854	咸丰四年	六月二十一日，诏**直隶筹办钱局钞局**。

美使致书 咸丰四年五月十九日（1854年6月14日），美使麦莲（Robert Milligan McLane, 1815—1898）致书国务卿马西谓太平军无统治能力，不能予以事实上之承认，并主张对清朝政府索取修约权利。五月二十六日（1854年6月21日），麦莲在昆山会晤两江总督怡良，要求长江通商，修改条约。

云南回汉冲突 咸丰四年五月二十八日（1854年6月23日），云南南安回人攻占石羊银厂，屠临安汉人数百名。七月二十日（1854年8月13日），临安汉人攻占石羊银厂。

太平军攻陷湖北武昌 太平军进入湖北占领汉阳、汉口后，屡次攻扑武昌省城。咸丰四年六月初二日（1854年6月26日），太平军由青山一带分扑武昌，兵勇溃败，城中火起，武昌省城失守。

柏理（Matthew Calbraith Perry, 1797—1858） 柏理，美国水师提督。咸丰四年六月初五日（1854年6月29日），柏理自日本派舰赴台湾鸡笼调查煤矿。六月十七日（1854年7月11日），柏理与琉球订立条约，琉球允诺优遇美人美船。

直隶筹办钱局钞局 咸丰四年六月二十一日（1854年7月15日），

1854	咸丰四年	六月二十一日,英使包令照会怡良。
1854	咸丰四年	六月二十二日,诏安徽六安永增学额。
1854	咸丰四年	六月二十五日,官兵克复湖北沔阳州城。
1854	咸丰四年	六月二十九日,热河推行钞法,设立官钱局。
1854	咸丰四年	七月初六日,户部奏准停铸大钱。

因奕䜣等奏请于直隶易州开设钱局、钞局,以便兵丁兑换月饷,命直隶总督桂良妥速筹办。

包令照会怡良 咸丰四年六月二十一日(1854年7月15日),英使包令为广州入城及修约问题,照会两江总督怡良,要求面商,怡良覆拒。

安徽六安永增学额 咸丰四年六月二十二日(1854年7月16日),以安徽六安州士民捐资团练,收复州城,所费甚巨,豁免六安直隶州咸丰三、四、五等三年地丁钱粮。每届岁考,加文武学额各一名;科考加文学额一名,永为定额,以示优奖。

克复湖北沔阳 咸丰四年六月二十四日(1854年7月18日),湖北兵勇乡团由段家场进攻沔阳州城太平军。六月二十五日(1854年7月19日),抵离城十数里通海口,官兵等乘势夺门,克复沔阳州城。

热河推行钞法 咸丰四年六月二十九日(1854年7月23日),热河都统毓书奏准筹款鼓铸,推行钞法,官收铜百斤,作银十两,报捐者八十斤,作银十两,铜器百斤,作银十三两。并设立官钱局,以逐卯所铸之钱,作为票本。

停铸大钱 咸丰四年(1854)七月,户部等衙门以折当稍重,

1854—1854

1854	咸丰四年	七月初十日，诏加等严定私铸大钱罪名。
1854	咸丰四年	七月十五日，清军收复湖北安陆府城。
1854	咸丰四年	闰七月初二日，湘军克复岳州城陵矶。
1854	咸丰四年	闰七月初七日，诏阿拉善蒙古地界开采银矿。

于民间日用，不无妨碍，于是奏请停铸当千当五百大钱。庆惠等亦奏请停铸当二百、三百、四百大钱，七月初六日（1854年7月30日），奉旨允行。当百以下大钱，通行远近，尤为便民，严禁奸商妄行折减。

严定私铸大钱罪名 咸丰四年七月初十日（1854年8月3日），刑部奏准加等严定私铸大钱罪名，其私铸当百以下大钱人犯，如系为首及匠人数至十千以上或未及十千而私铸不止一次者，即于斩候罪上从重请旨即行正法。

收复湖北安陆 太平军攻陷湖北安陆府城后，湖广总督杨霈即奉命剿办太平军。咸丰四年七月十三日（1854年8月6日），清军都司刘富成会同代办安陆府事方卓然等分路夹击，七月十五日（1854年8月8日），克复安陆府城。

克复岳州城陵矶 咸丰四年七月初一日（1854年7月25日），湘军水师克复湖南岳州府城后，太平军仍沿江设营，以阻湘军东下。闰七月初一日（1854年8月24日），升用道李群督船进至城陵矶下游。闰七月初二日（1854年8月25日），湘军提督塔齐布派尽先知府罗泽南等统带陆路官军分三路进攻，游击杨载福督水师，击败太平军，克复岳州城陵矶，太平军国宗韦俊北走。

阿拉善蒙古地界开采银矿 阿拉

1854	咸丰四年	闰七月十四日，清军**克复安徽太平府城**。
1854	咸丰四年	闰七月二十四日，**厦门小刀会**由台湾苏澳窜入鸡笼口内，登岸滋扰。
1854	咸丰四年	八月初四日，**湘军克复湖北崇阳**县城。
1854	咸丰四年	八月二十二日，清军**克复安徽英山**县城。

善蒙古哈勒津库察地方蕴藏银矿，阿拉善扎萨克亲王贡桑珠尔默特呈请自备资斧开采银矿，经理藩院奏明请旨。咸丰四年闰七月初七日（1854年8月30日），奉旨即由亲王贡桑珠尔默特开挖煎炼。

克复安徽太平府城 咸丰四年闰七月十四日（1854年9月6日），向荣部副将傅振邦、参将张国梁选带兵勇会合团练，绕道设伏，分三队进攻安徽太平府城，于是日黎明进攻，克复太平府城。据报，太平军阵亡四五千人。

厦门小刀会 咸丰四年（1854），福建厦门小刀会经官兵击败后，下海窜台湾沿海。六、七月间，小刀会在噶玛兰被官兵击败，旋又于闰七月二十四日（1854年9月16日）由苏澳窜入鸡笼口内，登岸滋扰。经义民首林文察带领义勇击退。

湘军克复湖北崇阳 咸丰四年八月初三日（1854年9月24日），湘军提督塔齐布率北路官兵进攻湖北崇阳县城，分三路冲击。八月初四日（1854年9月25日），攻破西门，击败太平军，生擒丞相金之亨等人，克复县城。八月初九日（1854年9月30日），候选知府罗泽南克复咸宁县城。

克复安徽英山 安徽英山县隶属六安州，太平军攻占英山县城后，经和春派委六安州候选知州李元华等相机筹办。咸丰四年八

1854	咸丰四年	八月二十三日，湘军**克复湖北武昌**。
1854	咸丰四年	八月三十日，官绅**克复安徽庐江**县城。
1854	咸丰四年	九月初六日，官军**克复广东龙门**县城。
1854	咸丰四年	九月初九日，官军**克复广东开平**县城。

月二十一日（1854年10月12日），候选知州博勒霍布等督同绅勇进扑英山县城。八月二十二日（1854年10月13日），克复县城。

克复湖北武昌 咸丰四年八月二十一日（1854年10月12日），湘军水陆师大举进攻武汉。八月二十二日（1854年10月13日），水陆官兵进攻汉阳，商民同往接应，太平军败退。是日，官兵收复汉阳、汉口。八月二十三日（1854年10月14日），克复武昌，太平军东走。

克复安徽庐江 咸丰四年八月三十日（1854年10月21日），贡生吴廷香与庐江绅民约定内应，庐江县外委熊允升攻南门，贡生吴廷香攻大北门，朱绍衣攻大西门，吴道坦攻小西门，兵勇里应外合，收复县城，太平军监军任大纲等被擒。

克复广东龙门 咸丰四年闰七月二十六日（1854年9月18日），增城土寇招集河源等处土寇分攻广东龙门县城，因彻夜大雨，枪炮难施，以致县城失守，知县乔应庚力竭阵亡。守备唐高崐会同官绅兵勇于九月初六日（1854年10月27日）克复龙门县城。唐高昆于克复龙门县城后因伤病亡。

克复广东开平 广东开平县隶肇庆府，咸丰四年（1854）七月间，鹤山土寇攻打开平县城，署知县庆樟等分率兵勇守御，因寡不敌众，县城失守。八月二十八日（1854年10月19日），署知县彭卿云会同绅士督带兵壮进逼开

1854	咸丰四年	九月二十一日，湘军**克复兴国、大冶**两城。
1854	咸丰四年	十月初十日，理藩院奏准**达赖喇嘛接管事务**。
1854	咸丰四年	十月十三日，湘军**克复蕲州田家镇**。

平县城。九月初九日（1854年10月30日），克复开平县城，署知县庆樟等先后遇害。

克复兴国、大冶 湘军收复武汉诸城后，由曾国藩统领全师，分三路东下，先攻南岸兴国州城。咸丰四年九月二十日（1854年11月10日），罗泽南等抵兴国州境内，截断大冶太平军归路。九月二十一日（1854年11月11日），罗泽南克复兴国，塔齐布克复大冶，湘军同日克复两城。

达赖喇嘛接管事务 咸丰四年十月初十日（1854年11月29日），以明年达赖喇嘛年已及岁，经理藩院奏准，其应办事务，交达赖喇嘛掌管，所有赏给前辈达赖喇嘛之玉册玉宝，凡遇吉祥事件，准其镌印。

克复蕲州田家镇 咸丰四年九月二十四日（1854年11月14日），太平军国宗韦俊、石镇仑奉东王杨秀清命自芜湖西援田家镇。十月初五日（1854年11月24日），太平军燕王秦日纲会合国宗韦俊等援军自田家镇渡江反攻湘军。十月初十日（1854年11月29日），太平军为湘军塔齐布、罗泽南所败，乘夜退走。十月十三日（1854年12月2日），湘军乘胜克复蕲州田家镇，焚烧太平军船四千余号，湘军水师名大振。十月十四日（1854年12月3日），燕王秦日纲、国宗韦俊退守黄梅。十月二十八日（1854年12月17日），湘军收复广济县城。十一月初二日

1854—1855

1854	咸丰四年	十一月初八日，清军剿惠州太平军，**克复河源**县城。
1854	咸丰四年	十一月初八日，户部议准**弛五斤以下铜禁**。
1855	咸丰四年	十一月十五日，广东官军**克复封川**县城，肃清虎门洋面。
1855	咸丰四年	十一月二十三日，**饬山西采办铁斤**，以资鼓铸铁钱。

（1854年12月21日），克复黄梅县城。太平军退守安徽宿松太湖。

克复河源 广东惠州太平军经官兵于归善县击败后，沿途结合会党，潜赴上游河源县境内。咸丰四年八月十七日（1854年10月8日），太平军闯入县城。署惠州府知府陶沄派拨兵勇进剿，太平军迎拒兵勇于永安县石公神墟地方，太平军退入河源县城。同年十一月初八日（1854年12月27日），官兵水陆并进，并调集练勇，会合围剿，遂克复河源县城。

弛五斤以下铜禁 闽浙总督王懿德等以铜禁綦严，诸多未便，奏请收五斤以上铜器，其五斤以下铜器，速弛其禁。咸丰四年十一月初八日（1854年12月27日），军机大臣遵旨会同户部议准收缴五斤以上铜器，五斤以下铜器，仍准民间照常使用。

克复封川 咸丰四年（1854）七月间，广东波山艇匪攻占封川县城，知县德佑等阵亡。同年十一月十五日（1855年1月3日），外委方兆祥等带领勇练，水陆并进，收复封川县城。

饬山西采办铁斤 京师铁钱局四厂开炉鼓铸铁钱，岁需生铁一千二百万斤，仅就附近地方采买，不敷应用。咸丰四年十一月二十三日（1855年1月11日），命山西

1855	咸丰四年	十一月二十五日，晋封那拉氏为懿嫔。
1855	咸丰四年	十二月初九日，饬催海船驾赴刘河口装运漕粮。
1855	咸丰四年	十二月初九日，命浙江巡抚履勘灾区，蠲缓钱粮。
1855	咸丰四年	十二月十四日，命琉球贡使无庸绕道入京。

省采办，于咸丰五年（1855）二月以前，先将一半生铁六百万斤解交京局。

封那拉氏 咸丰四年十一月二十五日（1855年1月13日），命协办大学士贾桢为正使，礼部左侍郎肃顺为副使，持节赍册，晋封懿贵人那拉氏为懿嫔。

装运漕粮 咸丰四年十二月初九日（1855年1月26日），以江浙两省海运新漕均由刘河海口起运北上，所有载运船只，亟应宽为雇备，合盛京将军、直隶总督、山东巡抚将沿海停泊之上海、宁波沙船蜑船，及东卫各项船只驾赴刘河口，收载新漕，开洋北运。

蠲缓钱粮 咸丰四年（1854）六、七月间，浙江嘉兴等十一厅县，先后被风被雨，金华等十一县，被风被旱。闰七月间，仁和等五十余州县，风雨成灾，田禾受伤。又因山水暴涨，洪潮漫溢，致多处房舍被冲塌，人口被淹毙。十二月初九日（1855年1月26日），命浙江巡抚何桂清派员履勘，分别蠲缓。

命琉球贡使无庸绕道入京 闽浙总督王懿德折奏琉球贡使除例进贡物外，尚有谢恩及恭贺表章，禀请入都。咸丰四年十二月十四日（1855年1月31日），奉旨，俟来岁道路疏通，即派员护送贡使

1855	咸丰四年	十二月十四日，四川官兵**克复贵州桐梓**县城。
1855	咸丰四年	十二月十五日，**李鸿章克复安徽含山**县城。
1855	咸丰四年	十二月二十九日，**朝鲜使臣金铧等入觐**于午门外。
1855	咸丰五年	正月初一日，清军**克复上海**县城。
1855	咸丰五年	正月十四日，安徽舒城太平军弃城走，官军入京。

克复贵州桐梓 咸丰四年十二月十四日（1855年1月31日），四川提督万福督带四川省官兵由杨柳坪进攻贵州桐梓县城，参将蒋玉龙从城北登城，克复桐梓县城。

李鸿章克复安徽含山 咸丰四年十二月初九日（1855年1月26日），编修李鸿章等督勇进攻安徽含山县城。十二月十二日（1855年1月29日），官兵进攻东门。十二月十五日（1855年2月1日），兵勇乘夜登城，收复含山县城。

朝鲜使臣金铧等入觐 咸丰四年十二月二十九日（1855年2月15日），朝鲜国正使判中枢府事金铧、副使礼曹判书郑德和、书状官司宪府兼执义朴宏阳等三人入觐于午门外。

克复上海 道光二十五年（1845），广东香山人刘丽川在香港加入三合会。道光二十九年，刘丽川到上海，充当洋行通事。上海小刀会起事后，各会党公推刘丽川为总会首。咸丰三年八月初五日（1853年9月7日），刘丽川等攻占上海县城。咸丰五年正月初一日（1855年2月17日），江苏巡抚吉尔杭阿与法国提督辣厄尔（La Guerre）督令兵勇克复上海县城，擒斩刘丽川等人。

克复舒城 安徽太平军占据舒

		克复舒城县城。
1855	咸丰五年	正月二十八日,陕甘总督易棠奏准**变通制钱分两**。
1855	咸丰五年	二月初六日,**廓尔喀兵占据西藏济咙**。
1855	咸丰五年	二月十六日,广东兵勇击退三合会,**克复连州三江城池**。

城,屡经提督秦定三督率官兵痛剿。咸丰五年正月十二日(1855年2月28日),总兵珠克登等带领兵勇直逼舒城,四面围攻。正月十四日(1855年3月2日)夜间,总兵郝光甲等带兵分攻各门。总兵音德布等由东门首先登城,参将富昌等亦同时由各门缘梯而上,克复舒城县城。

变通制钱 甘肃省因铜价甚贵,又须兼铸大钱,制钱分两,若仍按每文重一钱二分鼓铸,非独工料过重,且易启私销改铸之弊。咸丰五年正月二十八日(1855年3月16日),陕甘总督易棠奏准甘肃宝巩局鼓铸制钱分两,酌量变通,每钱一文,减为八分,每千以重五斤为率。

廓尔喀兵占据西藏济咙 咸丰五年二月初六日(1855年3月23日),廓尔喀为夺回济咙、聂拉木,借口唐古特营官不遵旧章,多收税课,任意欺凌,伤毙廓尔喀人民,抢劫牛厂,于是发兵占据济咙。二月二十日(1855年4月6日),聂拉木亦被廓尔喀兵占据。

克复连州三江 咸丰四年闰七月二十三日(1854年9月15日),广东连州三合会大都督孟九、统兵大元帅温佑攻陷三江地方,署三江协副将博尔多自焚殉难,署都司光裕等阵亡。同年闰七月二十

1855	咸丰五年	二月十七日,广东官军击败会党,**克复德庆州城**。
1855	咸丰五年	三月初三日,广东官军击败三合会党,**克复清远**县城。
1855	咸丰五年	三月十二日,广东官军**收复四会**县城。

五日(1854年9月17日),三合会阑入连山厅城,兼理知州张寿龄密饬巡检史致熙劝谕团练合力攻剿。同年十月初七日(1854月11月26日),克复厅城。张寿龄随往上水堡地方集团协剿,署吏目沈华亭等招聚兵勇,于咸丰五年二月十六日(1855年4月2日),克复连州三江城池。

克复德庆 咸丰四年(1854),广东肇庆府会党由水路阑入德庆州城。咸丰五年二月十七日(1855年4月3日),广西按察使张敬修、署肇庆府知府郭汝诚两路派员管带兵勇援应,与署知州吴保桢等内外夹攻,会党败退出城,官军克复德庆州城。

克复清远 咸丰四年(1854)五月间,广东三合会党由英德等县城进入清远县境。同年七月十一日(1854年8月4日)夜间,由北门拥入,占领清远县城。咸丰五年三月初一日(1855年4月16日),代理清远县知县程兆桂等会督文武乡勇二万余人进攻县城。三月初三日(1855年4月18日),克复清远县城,会党进扑广宁县城。

收复四会 咸丰四年(1854)七月间,会党攻占广东肇庆府四会县城。四会县知县牟考祥、典史沈承祺传集绅耆练勇会合文武员弁设法进攻。咸丰五年三月十二日(1855年4月27日),会同守备张国芳等分路直抵县城,攻破东南

1855	咸丰五年	三月二十三日,太平军由安徽进入江西,**广信失守**。
1855	咸丰五年	四月初五日,编修**何绍基条陈臣工列传**三品以下补行立传,以妄议更张,议不准行。
1855	咸丰五年	四月初六日,广东官军**收复肇庆**,天地会党走广西。

门,内外夹击,收复县城,生擒会党首领陈幅、军师陈亚均等。

广信失守 咸丰五年三月二十日（1855年5月5日），太平军万余人由安徽婺源县进入江西兴安县,代理兴安县知县狄上林因先期带勇出城,太平军不战而入县城。三月二十三日（1855年5月8日），太平军由兴安县进攻广信府。署上饶县知县蔡中和婴城固守,因大雨不能燃放枪炮,广信失守,蔡中和巷战被执殉难,教授雷封等同时遇害。三月二十七日（1855年5月12日），罗泽南等督带湘勇,克复广信府城。

何绍基条陈臣工列传 乾隆年间,国史馆曾奉上谕,列传体例,以人不以官,后仍限以官。翰林院编修何绍基具折缕陈管见十二条,其中关于国史臣工列传一条,奏请将三品以下臣工补行立传。咸丰五年四月初五日（1855年5月20日），以二百年来人数浩繁,搜罗难遍,凭史官好恶以为去取,非所以昭传信,议不准行。

收复肇庆 广东肇庆天地会与九江围墩三洲等处互相援应。咸丰五年四月初一日（1855年5月16日），广东按察使沈棣辉命各营员弁分带舟师先由九江河口分股进攻。初二日（1855年5月17日），直抵围墩三洲等处。初三、初四等日（1855年5月18、19

1855—1855

1855	咸丰五年	四月初九日，命驻藏大臣**晓示廓尔喀撤兵**。
1855	咸丰五年	四月初九日，**诏湖南展缓乡试**。
1855	咸丰五年	四月十六日，太平军占据三山，阻遏清军舟师上驶，为清军击退，**肃清江面**。
1855	咸丰五年	四月二十二日，**琉球遭风船只进口**。

日），会同地方文武员弁绅团，水陆并进，于初六日（1855年5月21日）分路入峡，克复肇庆城，天地会陈开、李文茂走广西。

晓示廓尔喀撤兵 咸丰四年（1854）十月间，廓尔喀以唐古特杀戮该国草厂民人，抢去牛只，遂拥兵数千占据济咙、聂拉木地方。咸丰五年四月初九日（1855年5月24日），命军机大臣寄信驻藏大臣赫特贺等晓示廓尔喀将济咙、聂拉木两处之兵速行撤回，听候秉公查办。

湖南展缓乡试 咸丰五年（1855），湖南省应举行乙卯科及壬子科归并文武乡试。湖南巡抚骆秉章以湖南办理防剿，乡试仍难举办，具折请旨。咸丰五年四月初九日（1855年5月24日），奉旨，所有是年湖南省乙卯科及壬子科归并文武乡试，均展至戊午、辛酉两科次第归并，分别额数，加倍取中。

肃清江面 太平军占据三山，阻遏清军舟师上驶。咸丰五年四月十三日（1855年5月28日），太平军进攻江宁镇，被清军击退。四月十六日（1855年5月31日），清军总兵吴全美等水陆官兵各分三路进兵，三山江面，一律肃清。据向荣奏报，击沉太平军船七八十只，夺船二十余只，击斩焚溺太平军，统计不下二三千人。

琉球遭风船只进口 咸丰五年四月二十二日（1855年6月6日），琉球护送难民船一只由福建南台

1855	咸丰五年	四月二十五日，诏广西展缓乡试。
1855	咸丰五年	四月二十七日，亲王僧格林沁擒解李开芳入京，奉旨凌迟处死。
1855	咸丰五年	四月二十七日，以西安将军札拉芬战殁，湖广总督杨霈革职。

进口，随带货物，循例免税。

广西展缓乡试 咸丰五年（1855），广西省应举行乙卯科文武乡试，因广西办理剿捕，仍难依限举行，广西巡抚劳崇光奏请将本年乙卯及辛亥两科归并文武乡试准其暂缓举行。咸丰五年四月二十五日（1855年6月9日），奉旨著劳崇光于来春体察情形，于咸丰六年（1856）特开一科，将乙卯及辛亥两科归并举行。

解李开芳入京 咸丰五年四月十六日（1855年5月31日），亲王僧格林沁攻克山东茌平冯官屯，擒太平军定胡侯李开芳等，槛送入京，经巡防王大臣等审讯。同年四月二十七日（1855年6月11日），奉旨李开芳著即凌迟处死，枭首示众。其授有"伪职"之黄懿端、谢金生，并著凌迟枭示。李开芳亲随李添佑、谭有桂、韦名传、曹得相四名，即行处决，一并枭示。北伐太平军至此完全被消灭。

杨霈革职 咸丰五年四月十三、十五（1855年5月28、30日）等日，陈玉成由平林市等处进攻随州，西安将军札拉芬由陕西带兵行抵随州，迎击于五里墩。四月十六日（1855年5月31日），陈玉成攻占随州，札拉芬败死。湖广总督杨霈坐视不救。四月二十七日（1855年6月11日），奉旨革职，留营差遣。以荆州将军官文为湖广总督，江宁副都统绵洵为荆州将军。四月二十九日（1855年6月13

1855	咸丰五年	四月二十七日,广东官军击败会党,**收复英德县城**。
1855	咸丰五年	五月初一日,诏**广东乡试展缓**,于咸丰六年补行。
1855	咸丰五年	五月初一日,礼部题准**乙卯科云贵乡试**,简派正副考官。
1855	咸丰五年	五月初十日,以黄河北岸太平军肃清,**裁撤**

日),陈玉成弃随州,走德安府。

收复英德 咸丰五年四月二十七日(1855年6月11日),广东参将尹达章督带战船,会同巡检陶人杰等水陆环攻,纵火焚绕三合会炮台,三合会陈义和开城北走,官军收复英德县城。

广东乡试展缓 咸丰五年(1855),广东省应举行乙卯科文武乡试,两广总督叶名琛奏陈该省军务未竣,不能依限举行。是年五月初一日(1855年6月14日),奉旨准其展至咸丰六年,特开一科,补行乙卯科文武乡试。

乙卯科云贵乡试 咸丰五年(1855),乙卯科云贵乡试,如期举行。是年五月初一日(1855年6月14日),礼部题请简派正副考官,奉朱笔云南正考官著吴存义去,副考官著张守岱去。贵州正考官著王祖培去,副考官著钱桂森去。

裁撤京城巡防 清廷以黄河北岸太平军肃清,裁撤京城巡防。咸丰五年五月初十日(1855年6月23日),举行凯撤典礼。清文宗御乾清宫,受奉命大将军惠亲王绵愉、御前大臣科尔沁亲王、参赞大臣僧格林沁缴呈印信关防,率领随征将士行礼。

三合会袭陷湖南宜章 湖南边境与两广毗连,广东佛山三合会勾

		京城巡防，缴呈印信。
1855	咸丰五年	五月初十日，广东佛山**三合会袭陷湖南宜章县城**，为参将李辅朝所破。
1855	咸丰五年	五月十三日，侍郎曾国藩遣**内湖水师败太平军于青山**。
1855	咸丰五年	五月十五日，太平军燕王**秦日纲军进攻湖北金口**，为胡林翼所败。

结韶州会党袭陷湖南宜章县城，进扑柳州。咸丰五年五月初三日（1855年6月16日），即补道王葆生等各勇分路截击。五月初十日（1855年6月23日），参将李辅朝等督勇迎击，三合会不支，走临武、嘉禾等县。

内湖水师败太平军于青山 咸丰五年四月二十一日（1855年6月5日），侍郎曾国藩遣内湖水师定相营何启长前往都昌，防太平军掳船来袭。四月二十二日（1855年6月6日），何启长军抵马家堰，围烧太平军运粮船只一百余号。五月初八日（1855年6月21日），太平军在都昌掳船掠粮，曾国藩又派水师营孙昌国前往搜剿，烧毁太平军船二十余号。五月十五日（1855年6月28日），水师九十余船于鄱阳湖青山放哨，太平军自姑塘来攻，猛扑东岸。经水师贺虎臣、何启长等两营带船渡至东岸迎击，留萧捷三等三营于西岸，以抄太平军之尾，曾国藩上游水师同时驶至，大败太平军，追奔至鞣山。

秦日纲军进攻湖北金口 咸丰五年五月初十日（1855年6月23日），太平军燕王秦日纲军击溃武昌西南纸坊清军，分五路进攻湖北金口，湖北巡抚胡林翼军分三路御之。同年五月十五日

1855—1855

1855	咸丰五年	五月十五日，官兵**克复休宁**。
1855	咸丰五年	五月二十六日，**安徽团练克复英山**。
1855	咸丰五年	五月三十日，**湘军水师败太平军于鄱阳湖姑塘青山**。
1855	咸丰五年	六月初三日，陕甘总督奏请**开采银矿**，经军

（1855年6月28日），秦日纲军又分六路，再扑金口。胡林翼预派千总周得魁等分路迎击，署臬司李孟群、知府彭玉麟伏勇出击，太平军伤亡惨重，清军乘胜追击，太平军败回纸坊地方。太平军平胡丞相陈大为、指挥伍正等被擒。五月十六日（1855年6月29日），胡林翼军攻占纸坊，进逼武昌。五月十七日（1855年6月30日），胡林翼回驻金口老营。

克复休宁 咸丰五年四月二十二日（1855年6月6日），安徽休宁县城复被太平军占领，五月初八（1855年6月21日）等日，官兵三次进攻。五月十五日（1855年6月28日），提督邓绍良等督兵齐抵城下，随派川楚浙兵连夜进攻，太平军不支，于五更时出西门，由黟县一路前进，遂克复休宁县城，其退入黟县县城之太平军，亦弃城走。是役，太平军检点黄姓、陈姓二人亦阵亡。

安徽团练克复英山 咸丰五年五月十一日（1855年6月24日），蕲水太平军万余人进扑安徽英山县城。五月十二日（1855年6月25日）五更，太平军乘大雨骤至，攻陷城池。已革道员何桂珍饬令湖北罗田县知县苏惠畴调集团练助剿。五月二十六日（1855年7月9日），何桂珍率同英山县知县苏秀槐等由竹坳进攻，官军渡河分攻西南两门，太平军由南门退

		机大臣等议准。
1855	咸丰五年	六月初三日，清军水师败太平军，**克复太平**，直抵芜湖。
1855	咸丰五年	六月初九日，湖北绅练**收复云梦**。

出，当将英山县城克复。

湘军水师败太平军于鄱阳湖 咸丰五年五月三十日（1855年7月13日），太平军东殿右十二承宣胡鼎文等督战船七十余只复至鄱阳湖姑塘青山，由西岸渡向东岸，曾国藩督湘军水师包围太平军战船，鏖战至两时之久。太平军功勋张百利被刺落水，湘军水师夺回拖罟大船，承宣胡鼎文败逃。

开采银矿 咸丰五年正月初六日（1855年2月22日），甘肃臬司常绩带同随员驰抵宁夏迤西哈勒津库察会勘山场，陕甘总督易棠奏请开采银矿。同年六月初三日（1855年7月16日），经军机大臣会同户部会议奏准。

克复太平 咸丰五年五月二十七日（1855年7月10日），芜湖太平军进逼湾沚，经提督邓绍良等督带各勇分投迎战。都司虎坤元带兵接应，太平军败退。六月初三日（1855年7月16日），水师总兵吴全美、李德麟、王鹏年督领战船进剿，分攻太平府各门，太平军弃城败走，收复太平府城，乘胜直抵芜湖。

收复云梦 湖北云梦、应城两县地方，为德安与武汉太平军交通要路。咸丰五年六月初九日（1855年7月22日），署云梦县知县吴瑛会同孝感县知县李殿华带领绅练进攻县城，太平军阵亡三百余名，收复云梦县城。

1855	咸丰五年	六月初十日，湖北团勇**收复应城**。
1855	咸丰五年	六月十九日，下北**兰阳三堡河工漫溢**。
1855	咸丰五年	六月十九日，官军击败太平军，**攻克芜湖**县城。
1855	咸丰五年	六月二十日，河南**兰阳河溢**，全行夺溜。
1855	咸丰五年	六月二十八日，安徽宁池太广道改为徽宁池

收复应城 咸丰五年六月初十日（1855年7月23日），湖北署应城县知县王培厚探闻长江埠太平军船只下窜，即带领团勇追击至道人桥地方烧沉太平军船只，当将应城县县城收复。

兰阳三堡河工漫溢 咸丰五年（1855）春夏，黄河水势高涨，六月十八日（1855年7月31日）以后，水势复涨，南风暴发，巨浪掀腾。六月十九日（1855年8月1日），下北厅兰阳汛铜瓦厢三堡河工漫溢七八十丈之宽，沿河一带小民荡析离居。

攻克芜湖 芜湖县城地处江皖要冲，久为太平军所陷。咸丰五年六月初九日（1855年7月22日），总兵德安由太平黄山陆路进兵。总兵明安泰从黄池会约合攻，六月十二日（1855年7月25日），由清水河填沟前进。六月十九日（1855年8月1日），提督邓绍良等水路大举，明安泰先扑芜湖东南城隅，德安攻进北门，水陆连获大胜，攻克芜湖县城，据向荣奏报，太平军被杀万余人。

兰阳河溢 咸丰五年（1855），黄河水势异涨，河南下北厅兰阳汛、铜瓦厢、三堡堤漫溢。六月十八日（1855年7月31日）以后，水势复涨，南风暴发，巨浪掀腾，以致十九日（1855年8月1

		太广道，准其**专折奏事**。
1855	咸丰五年	七月初四日，山西阳城县大户**赵连城等聚众抗粮**，太原总兵捕擒之，乱平。
1855	咸丰五年	七月初六日，诏**加封关帝先代**封爵。
1855	咸丰五年	七月初九日，**康慈皇太后陞遐**，命恭亲王等管理应行事宜。

日）漫溢过水。二十日（1855年8月2日），全行夺溜，刷宽口门至七八十丈，迤下正河断流，下游居民流离失所。

专折奏事 侍郎沈兆霖以安徽徽宁池太广五属介在江南，军务繁多，安徽巡抚鞭长莫及，奏请暂行皖南巡抚。咸丰五年六月二十八日（1855年8月10日），敕将安徽宁池太广道暂改为徽宁池太广道，加按察使衔，并添设皖南镇总兵一员，暂照台湾镇道之例，准其会衔专折奏事，专办四府一州地方军务。

赵连城等聚众抗粮 山西阳城县大户赵连城等藉端纠众滋闹盐粮，情同叛逆。太原镇总兵瑞格、冀宁道瑞昌带兵镇压。咸丰五年七月初四日（1855年8月16日），官军拏获首犯赵连城等数人解往山西省城审办，按律治罪，乱平。

加封关帝先代 咸丰五年七月初六日（1855年8月18日），内阁奉上谕，关帝曾祖光昭公加封为光昭王，祖裕昌公加封为裕昌王，父成忠公加封为成忠王，以示尊崇，所有应办事宜，著太常寺查例具奏。

康慈皇太后陞遐 咸丰五年七月初一日（1855年8月13日），尊康慈皇贵太妃为康慈皇太后。七月初九日（1855年8月21日）巳刻，

1855	咸丰五年	七月初九日，**避暑山庄挖淤兴工**。
1855	咸丰五年	七月十一日，**琉球海难船只漂收浙江太平**县。
1855	咸丰五年	七月十四日，湖北官军击败太平军，**克复汉川**县城。
1855	咸丰五年	七月十五日，湖北官军击败太平军，**克复汉**

皇太后陞遐，所有大丧礼仪著派恭亲王奕䜣、怡亲王载垣，大学士裕诚，尚书麟魁、全庆管理一切应行事宜。

避暑山庄 避暑山庄在河北承德，始建于康熙四十二年（1703），乾隆五十五年（1790）建成，左湖右山，为清朝第二个政治中心。避暑山庄园内东南半系湖塘，殿座楼台，临水建立，长期以来，河身淤垫愈高，西北一带沟渠闸座，多被沙石淤埋。咸丰五年（1855）六月，热河正总管扎拉芬等奏准挖淤。同年七月初九日（1855年8月21日），兴工，按段挑挖。是年九月二十四日（1855年11月3日），奏明挖淤工竣。

琉球海难船只漂收浙江太平 咸丰五年七月十一日（1855年8月23日），琉球遭风海难船金城筑登之等八名漂收浙江太平县沿海。七月二十日（1855年9月1日），又有琉球遭风海难渡庆次等四名漂收浙江临海县外海，俱循例抚恤，由温州一带陆路赴闽附便归国。

克复汉川 咸丰五年七月十四日（1855年8月26日），湖北升用知县李保邦等疾趋汉川，冲破太平军营。湖北官军逼近城垣，枪炮齐施，副都统魁玉等督催后队兵勇齐到，前队兵勇乘势登城而入，太平军开东门出城，官军当将汉川县城收复。

克复汉口 咸丰五年七月十五日（1855年8月27日），湖北巡抚胡林翼督饬湘军知府彭玉麟等用火

		口，进围汉阳府城。
1855	咸丰五年	七月十六日，湘军击败太平军，**克复义宁州城**。
1855	咸丰五年	七月十六日，湘军击败太平军，**收复江西都昌县城**。

龙船攻毁汉口浮桥，冲出大江，会合胡林翼等大兵，水陆并进，当地民勇同时接应，克复汉口，又渡河追至汉阳，尽毁东西门外土城。七月十六日（1855年8月28日），胡林翼督率各路兵勇齐攻汉阳，尽毁四面卡座土城。

克复义宁 太平军占据江西义宁州城后，于南北两岸近城险隘，俱筑营垒。咸丰五年七月初五日（1855年8月17日），浙江宁绍台道罗泽南带领湘勇自江西南昌行抵义宁州梁口。七月十三日（1855年8月25日），罗泽南移军驻扎乾坑，太平军七八千人分路抄袭。罗泽南率同候补县丞蒋益澧等并力夹击。七月十四日（1855年8月26日），太平军四五万人由凤凰山等处进至鳌岭，清军分队截击。七月十五日（1855年8月27日），赣州镇总兵刘开泰于南岸分路进兵。七月十六日（1855年8月28日），刘开泰、罗泽南约同南北两岸合剿，击败太平军，生擒四百余人，击毙千余人，克复义宁州城。

收复江西都昌 江西九江、湖口等处太平军先后败于湘军。咸丰五年七月十六日（1855年8月28日），代理知县马受祐、汛弁郭顺率领团勇乘机收复都昌县城。七月十八日（1855年8月30日），湘军同知李元度等人在徐家埠、文桥等处生擒太平军总制刘得胜。七月二十一日（1855年9月2日），太平军由九江新坝扑出，

1855	咸丰五年	七月十七日，**广东艇匪攻陷广西浔州**府城。
1855	咸丰五年	七月二十一日，恭亲王**奕䜣罢值军机**，以文庆为军机大臣。
1855	咸丰五年	七月二十二日，**俄人由松花江回行**。

经副将周凤山等督勇分路击退。

广东艇匪攻陷广西浔州 广东肇庆艇匪由广西梧州溯江而上攻扑浔州府城，广西按察使张敬修带兵援剿，延缓不力，广东水师屡次溃散。咸丰五年七月十七日（1855年8月29日），艇匪四面环攻，壮练饥疲不敌，艇匪大队由西门蜂拥入城，浔州府城被陷。

奕䜣罢值军机 咸丰五年七月二十一日（1855年9月2日），以恭亲王奕䜣于康慈皇太后陞遐礼仪多有疏略，著勿庸在军机大臣上行走，宗人府宗令、正黄旗满洲都统，均著开缺，并勿庸办理丧仪事务、管理三库事务，仍在内廷行走，上书房读书，管理中正殿等处事务，命载垣补授宗人府宗令，文庆在军机大臣上行走，裕诚调补正黄旗满洲都统。

俄人由松花江回行 松花江为东北最大江水，源出安东长白山，会合嫩江后折而东北，至同江县合流于黑龙江。咸丰五年七月二十二日（1855年9月3日），有俄罗斯男妇二十八人乘驾赫哲小船四只、艤艍（独木舟）两只，装载鸟枪、口粮自松花江回行，仍由黑河口前进。九月初七、初八（1855年10月17、18日）等日，有俄罗斯一百一十二人，乘驾中船二十二只，小船一只，装载鸟枪等物，自松花江向上回行，由黑河口前进。

克复湖南东安 广西天地会攻陷湖南东安县城后分兵进扰祁阳、

1855	咸丰五年	七月二十四日，湘军**克复湖南东安县**城。
1855	咸丰五年	七月二十六日，贵州苗乱，**都江厅城失守**。
1855	咸丰五年	七月二十六日，琉球遭风海难船只漂至**大目洋**。
1855	咸丰五年	八月十一日，**分界委员会晤俄使**木里斐岳幅。

新宁等地。咸丰五年七月二十四日（1855年9月5日），湘军即选知府王鑫等督带兵勇环攻东安县城，会党不支，窜出县城，湘军收复东安县城。八月初八（1855年9月18日）等日，湘军于鸭蛋铺、桐子山等处进剿。会党谋据祁阳、邵阳交界之四明山。王鑫等督兵分路抄击，擒获天地会定南王胡有禄等人。八月十二（1855年9月22日）等日，江西补用知府督带兵勇进兵新宁，县城解围。

都江厅城失守 贵州苗乱，攻城略地，四处滋扰。咸丰五年七月二十五日（1855年9月6日），苗众由都匀府属独山州攻扑都江厅城。七月二十六日（1855年9月7日），厅城失守。

大目洋 大目洋在浙江象山县外海，咸丰五年七月初二日（1855年8月14日），琉球八重山岛人乘驾船一只装载布米回国进贡，在洋遭遇飓风。七月二十六日（1855年9月7日），漂至大目洋，由巡船带进爵溪口，经象山县地方官安顿抚恤。

分界委员会晤俄使 咸丰五年八月十一日（1855年9月21日），吉林分界委员富尼扬阿等在阔吞屯会晤俄使木里斐岳幅等商议分界事宜。俄方代表主张将黑龙江、松花江左岸及海口分给俄罗斯守护。清朝代表以黑龙、松花两江左岸有奇林、鄂伦春、赫哲、库业、费雅哈人等系清朝贡进貂皮

1855	咸丰五年	八月二十四日，入山搜捕少数民族，**四川参将失路被害**。
1855	咸丰五年	八月二十九日，官军水路师**攻破芜湖营垒**，生擒太平军军帅王毕等人。
1855	咸丰五年	九月初十日，盛京将军英隆奏准**奉天暂停捕打冬围**。

之人，业已居住年久，原属中国地界。

四川参将失路被害 四川越巂厅接壤苗疆，屡有少数民族出入滋扰。咸丰五年八月二十四日（1855年10月4日），参将塔芳阿自普雄山口移营，少数民族自山半林中冲出，愈聚愈众。塔芳阿率领千总买有福、张锐，外委倪显彰等力战，适值大雪，云雾弥漫，迷失道路。倪显彰力竭阵亡，塔芳阿与买有福、张锐同时被戕。

攻破芜湖营垒 芜湖上下游太平军屡次牵掣官军，咸丰五年八月二十三日（1855年10月3日），太平军复于弋矶添筑营垒。提督邓绍良挑选兵勇于八月二十六日（1855年10月6日）扎营白马山，约会总兵吴全美水师于八月二十九日（1855年10月9日）同剿太平军，冲破太平军营垒七座，生擒太平军军帅王毕、旅帅黄阿苏、百长曹维道、司马冯高等人，剿除芜湖太平军外援。

奉天暂停捕打冬围 咸丰五年（1855），盛京将军英隆以官兵甫经撤回，戍役劳苦，奏请奉天暂停捕打冬围，是年九月初十日（1855年10月20日），奉谕旨准其仍暂停一年，以纾兵力，俟来年照例奏请举行。

广东天地会占领江西永新 咸丰五年九月十三日（1855年10月23日），广东天地会葛耀明等自湖

1855	咸丰五年	九月十三日，**广东天地会占领江西永新**县城。
1855	咸丰五年	九月十四日，官军**克复湖北崇阳**县城。
1855	咸丰五年	九月十四日，贵州台拱苗人**张秀眉攻陷丹江厅城**。
1855	咸丰五年	九月十六日，内阁奉谕旨，**顺天乡试**举人列入一、二、三等者，准其一体会试。

南茶陵州窜至江西永新县境内，署总兵阿隆阿督率参将柏英、知县华翼纶等带兵迎剿。天地会党众分股绕路阑入永新县城。九月二十五日（1855年11月4日），华翼纶等调集团勇奋力追捕，收复永新县城。九月二十六日（1855年11月5日），会党由隆田围扑安福县城，知县杜林带勇出剿，寡不敌众，县城被攻陷。

克复湖北崇阳 咸丰五年九月初六日（1855年10月16日），道员罗泽南、参将彭三元等分路进军，克复湖北通城县城。九月十一日（1855年10月21日），罗泽南等自通城北进，攻克桂口。九月十四日（1855年10月24日），罗泽南等分路进攻湖北崇阳，太平军殿左二十五指挥杨逢春，殿右五十二指挥雷春万等两路迎击不利，均战死。罗泽南等以火攻克复崇阳县城。

张秀眉攻陷丹江厅城 咸丰五年（1855）五月间，贵州苗人张秀眉率众自台拱、清平等处焚掠丹江厅所属治安堡，进围厅城。贵东道承龄等派委兴义府经历黄凤、千总王定臣管带兵练往援，因道路梗塞，迁延不进，守御三个月后，于九月十四日（1855月10月24日），丹江厅城失守。

顺天乡试 咸丰五年九月十六日（1855年10月26日），内阁奉谕旨，复试顺天乡试举人列入一等之李英粲等二十名，列入二等之

1855—1855

1855	咸丰五年	九月十九日，闽海关**秋贡燕窝奏准展缓**。
1855	咸丰五年	九月二十五日，哲布尊丹巴呼图克图**呼毕勒罕坐床**，颁赏大哈达等物件。
1855	咸丰五年	十月初三日，官军**克复湖北德安郡城**。
1855	咸丰五年	十月初十日，官军击败天地会，**克复桂阳**州城。

吴鸿恩等三十六名，列入三等之王朝铭等六十九名，俱准其一体会试。列入四等之额尔德恩、朱以增均罚停会试一科。

秋贡燕窝奏准展缓 闽海关每年秋季例应进贡燕窝六十斤，佛手十桶。佛手向在省城采办，燕窝先期派人赴厦门向各行商采购。咸丰三年（1853），秋贡因会党起事，奏准不必补进。咸丰四年，秋贡因商力凋敝，奏准展缓。咸丰五年，秋贡佛手照例呈进，燕窝一项因广东等处地方不靖，无从采办，是年九月十九日（1855年10月29日），经福州将军兼管闽海关有凤奏准再展缓。

呼毕勒罕坐床 咸丰五年九月二十五日（1855年11月4日），内阁奉谕旨，以哲布尊丹巴呼图克图呼毕勒罕坐床，捐银四千两，聚集喇嘛将及万众，虔唪皇经，诚恳可嘉，著赏给大哈达一块，大荷包一对，小荷包四个，六卷黄缎二疋，蟒缎二疋。

克复湖北德安郡城 太平军占据湖北德安府，钦差大臣湖广总督官文督都统西凌阿等，并密饬胁从良民作为内应，会合北路各军于咸丰五年十月初三日（1855年11月12日）夜乘风雨大作，同时进攻，克复德安郡城。

克复桂阳 广东天地会自进入湖南后，分股占据郴州、桂阳、永兴、兴宁、茶陵等处。即选道王

1855	咸丰五年	十月十三日,命各省**实行钞法钱法**,藉资周转。
1855	咸丰五年	十月十四日,**琉球接贡船及海难船进口**。
1855	咸丰五年	十月二十一日,湖北官军击败太平军,**克复蒲圻**县城。

鑫等由耒阳进剿,自九月初七日至十月初十日(1855年10月17日至11月19日),先后接仗大小二十余次,收复桂阳州城。补用道岳州知府王葆生等督勇分路进攻茶陵,自九月初九日至十月十九日(1855年10月19日至11月28日),各军直薄州城,即将茶陵州城收复。

实行钞法 户部以度支匮乏,军饷浩繁,自推行钞法,添铸大钱以来,京城官号所存宝钞及户工两局铁钱局所铸当十当五大钱均已日渐流通。咸丰五年十月十三日(1855年11月22日),户部统筹节用事宜,并奏请各省实行钞法钱法,奉谕旨著各省督抚勒限三个月将应立官号,一律开设,并将开设官号章程,于接到部文一月内先行奏报。其附近京城各州县应收当十大钱,著直隶总督出示晓谕,务与制钱一律完交。

琉球接贡船及海难船进口 咸丰五年十月十四日(1855年11月23日),琉球接贡船及漂风海难船各一只由福建南台口进口,随带货物循例免税。

克复蒲圻 湖北太平军占据蒲圻,胡林翼等军进驻蒲圻铁山。咸丰五年十月十九(1855年11月28日)等日,罗泽南、李续宾等督兵分攻蒲圻县城各门,绅团等分布要隘,十月二十一日(1855年11月30日),千总杨再佑等首先登城克复蒲圻县城,太平军从北门逃出。

1855－1855

1855	咸丰五年	十月二十六日，湖南官军**收复郴州**。
1855	咸丰五年	十一月初三日，**奉天金州地震**，震倒旗民住房甚多。
1855	咸丰五年	十一月初八日，**奕格奏请暂缓进贡貂皮**。
1855	咸丰五年	十一月初十日，鄂豫皖兵勇克复英山县城，**捻首李兆受败走**。

收复郴州 湖南官军收复桂阳后，天地会奔窜郴州，选用道王鑫等率领兵勇进兵郴州。咸丰五年十月二十六日（1855年12月5日），王鑫率同已革参将李辅朝、江西补用知府刘长佑等兵团分路进攻齐逼郴州州城，各路纵击，收复州城，会党首领带伤逃窜，经官军擒斩。

奉天金州地震 咸丰五年十一月初三日（1855年12月11日），奉天金州开始地震，至十二月十二日（1856年11月9日），镶黄等四旗界内震倒旗民各户住房五百六十余间。咸丰六年（1856）正月至三月间，续报地震，震倒旗民住房四十五间，均著给与修费，以示体恤。

奕格奏请暂缓进贡貂皮 因俄罗斯人船在松花江左岸占住地方，声言将黑龙江所属大兴岭牛满卡木尼哈达等处分给俄罗斯，为约束打貂鄂伦春人，黑龙江将军奕格等于咸丰五年十一月初八日（1855年12月16日）具折奏请暂缓进贡貂皮。

捻首李兆受败走 捻首李兆受率众窜入安徽英山后，戍官据城。湖北知县彭惠畴飞移霍山县知县邓元镐与署桐城县知县刘兆彭等分带各勇，会齐绅团，于咸丰五年十一月初十日（1855年12月18日）乘雾进攻，歼毙捻众一千余名，伏兵截杀四百余名，收复英

		1855—1856
1855	咸丰五年	十一月初十日，官军**剿办归化仲苗**，生擒首领马文高。
1855	咸丰五年	十一月二十二日，官军**败太平军于江北神塘河口**。
1855	咸丰五年	十一月二十三日，**琉球遣使进贡**。
1856	咸丰五年	十一月二十八日，**贵州苗众攻陷湖南晃州厅**。

山县城，捻首李兆受败走。

剿办归化仲苗 贵州归化厅地方，仲苗盘踞抢劫，屡扑厅城。咸丰五年十月二十九日（1855年12月8日），参将申有谋等分路抄袭，攻毁三十六寨。十一月初十（1855年12月18日）等日，兵练于磨向山地方毁去哨棚二十余座、村寨十二处，生擒仲苗首领马文高。

败太平军于江北神塘河口 太平军控制芜湖后，节经官军围剿不退。咸丰五年十一月二十二日（1855年12月30日），钦差大臣向荣部水师副将李德麟探闻江北神塘河口内太平军与安庆太平军船只在泥汊河荻港一带会合接应，即带领红单船折赴神塘河进剿，轰沉太平军战船三十余只，生擒太平军检点赵元发等八名，夺船八只。

琉球遣使进贡 琉球国王世子尚泰遣使恭进例贡、叩谢特赐御书匾额贡物、册立皇后贡物各一份，使臣于咸丰五年十一月二十三日（1855年12月31日）抵达北京。

贵州苗众攻陷湖南晃州厅 湖南晃州厅三面孤插贵州，又无城垣。贵州苗众起事后，窜入湖南，咸丰五年十一月二十八日（1856年1月5日），苗众攻陷晃州厅。同年十二月初三日（1856年1月10日），红号苗众由晃州分扑沅州府城、麻阳县城。十二

137

1856–1856

1856	咸丰五年	十二月初一日,属邦**朝鲜使臣、琉球使臣入觐**。
1856	咸丰五年	十二月初二日,申明定例,沿海地方**不准私船出海**。
1856	咸丰五年	十二月初九日,**荻港之役**,官军生擒太平军将军王纪兴。

月初四日(1856年1月11日),麻阳县城失守。

朝鲜使臣、琉球使臣入觐 咸丰五年十二月初一日(1856年1月8日),朝鲜国正使判中枢府事徐熹淳、副使礼曹判书赵秉恒、书状官司宪府兼执义申佐模三人,琉球国正使紫巾官向邦栋、副使正议大夫毛克进二人,入觐于神武门前。

不准私船出海 两江总督怡良等鉴于广东潮州等府失业游民每多觅食外省,千百成群,以充当潮勇为名,纷纷航海,由乍浦、上海等处登岸,其中良莠不齐,往往聚众滋事,于是奏请申明定例,严饬沿海地方,不准私船出海。咸丰五年十二月初二日(1856年1月9日),奉谕旨严饬地方官督同会馆董事,清查惩办,并著沿海督抚各饬所属于海船出洋时务须悉遵旧例,给与执照,将在船商民年貌籍贯注明,不准私造船只渡载人口货物。

荻港之役 太平军于神塘河为官军击败后,声势仍盛。咸丰五年十二月初九日(1856年1月16日),太平军复自无为州纠合上游战船数百只接应神塘河,直逼安徽繁昌荻港,水师副将李德麟函会提督邓绍良等分派兵船,合力助剿,轰毁太平军大小战船数十只,生擒太平军将军王纪兴等人。

克复江西新淦 咸丰五年十二月

1856	咸丰五年	十二月初九日，官军克复江西新淦县城。
1856	咸丰五年	十二月初十日，琉球进贡方物，诏准赏收。
1856	咸丰五年	十二月二十日，昇平天国镇南王朱洪英部弃湖北永明县城，走江华。
1856	咸丰五年	十二月二十五日，达赖喇嘛涅槃。

初四日（1856年1月11日），湘军副将周凤山等率水陆兵勇克复江西樟树镇，太平军败走。十二月初九日（1856年1月16日），副将周凤山约同水师追击，收复新淦县城。

琉球进贡方物 琉球使臣呈进方物，恳照道光二年（1822）、咸丰元年（1851）准予赏收，免其留抵。咸丰五年十二月初十日（1856年1月17日），内阁奉谕旨，著照所请，所进方物，准予赏收。

朱洪英部弃湖北永明 两广会党昇平天国镇南王朱洪英部众占据湖南永明、江华两县城。咸丰五年十二月（1856年1月）间，署江蓝厅同知颜培焘等率兵勇进攻永明午田桥。选用道王鑫由郴州驰往合剿。十二月二十日（1856年1月27日），朱洪英部弃永明，走江华，官军收复永明县城。王鑫等移军攻剿江华江东埠等处。咸丰六年正月初八日（1856年2月13日），进逼永明县城。正月初九日（1856年2月14日），兵勇大举环攻。朱洪英部众乘夜弃城逃遁。次日，官军收复江华县城。

达赖喇嘛涅槃 达赖喇嘛自咸丰五年（1855）十月以来两脚浮肿，咳嗽吐痰气喘，不思饮食。十二月二十五日（1856年2月1日），达赖喇嘛痰气上壅，即于是日寅时端坐圆寂。咸丰六年二

1856	咸丰六年	正月初二日，属邦使臣朝鲜、琉球正副使于重华宫**漱芳斋殿瞻觐**。
1856	咸丰六年	正月十二日，官军**克复定番州大塘汛城**。
1856	咸丰六年	正月二十五日，太平军石达开自江西临江府**攻占吉安**府城。
1856	咸丰六年	二月十二日，官军援剿江西太平军，**克复萍乡**县城。

月初四日（1856年3月10日），内阁奉谕旨，派满庆于喇嘛灵前赐奠，赏给银五千两，妆蟒大缎二十疋，官缎一百疋，大手帕二十方，小手帕三百方。加恩赏给佛一尊，数珠一串，手帕一方。

漱芳斋殿瞻觐 咸丰六年正月初一日（1856年2月6日），清文宗御太和殿受王公大臣及朝鲜、琉球等国使臣朝贺。初二日（1856年2月7日），清文宗御重华宫漱芳斋殿升座，朝鲜国正使判中枢府事赵得林、副使吏曹判书俞章焕二人，琉球国正使紫巾官向邦栋、副使正议大夫毛克进二人瞻觐请安。

克复定番州大塘汛城 贵州都匀等处苗教窜扰定番州境，攻陷大塘汛城。咸丰六年正月初二（1856年2月7日）等日，提督孝顺带兵由雷波岩脚一带会合守备燕升云将大小牛场等处山寨概行焚毁，镇远镇副将佟琴梅由定番打华哨摆金一路进剿，克复大塘汛城。

攻占吉安 太平军翼王石达开自江西临江府进攻吉安府。咸丰六年正月二十五日（1856年3月1日），石达开会合广东三合会用地雷轰塌吉安府城墙，吉安府城遂失陷。

克复萍乡 江西太平军占据袁州

		1856—1856
1856	咸丰六年	二月二十一日，循化**撒拉回聚众抢掠**，派兵进剿。
1856	咸丰六年	二月二十二日，官军败太平军，**克复建昌**县城。
1856	咸丰六年	三月初二日，云南南安州城**汉回互斗**。
1856	咸丰六年	三月十三日，官军乘太平军西进，**收复扬州**府城。

后，旋又攻陷萍乡县城。即选道刘长佑统领浏阳等处官军由醴陵进剿。咸丰六年二月十二日（1856年3月18日），克复萍乡县城。

撒拉回聚众抢掠 咸丰五年十二月（1856年1月）底，循化厅属撒拉回聚众过河抢掠巴燕戎格所属依什咱庄汉番牲畜。咸丰六年（1856），陕甘总督易棠饬令西宁镇总兵穆隆阿、西宁道崇保统带官兵剿办。是年二月二十一日（1856年3月27日），穆隆阿等驰抵循化厅进剿。

克复建昌 咸丰六年二月二十二日（1856年3月28日），湘军水陆并进，直逼江西建昌县城，都司黄虎臣分击沙洲河岸，哨官许志清突阵砍杀。是日夜，水陆四面围攻，太平军由北门败走，官军克复建昌县城。

汉回互斗 咸丰六年（1856）二月间，云南楚雄府境内因骠练杀毙回民多名，回民亦纠众赴南安州城伤毙汉民。三月初二日（1856年4月6日），骠练五六千人在富民村互斗，并进城杀毙回民数千人，打毁住屋，攫取衣物，回民躲入衙署，复被搜杀。

收复扬州 咸丰六年三月初一日（1856年4月5日），太平军燕王秦日纲、丞相陈玉成等攻占江苏扬州府城，杀知府浙龄等人。三

1856	咸丰六年	三月十八日，**浦口之役**，官军击败太平军。
1856	咸丰六年	三月二十日，**湘军克复江西东乡**县城。
1856	咸丰六年	三月二十八日，太平军**攻陷安徽宁国府城**。
1856	咸丰六年	四月初四日，**朝鲜使臣朴齐宪等入觐**。
1856	咸丰六年	四月初九日，江西乡绅**克复金溪**县城。

月十二日（1856年4月16日），太平军西进，绕扑薛家楼，钦差大臣德兴阿亲督马步各队迎击。三月十三日（1856年4月17日），德兴阿分路设伏，乘势掩杀，收复江苏扬州府城。

浦口之役 江苏浦口在江浦县东，与南京下关隔江相望，扼大江南北交通要冲。咸丰六年（1856）三月，总兵张国梁自六合拔营进逼浦口。三月十八日（1856年4月22日），总兵武庆、张国梁等马步兵勇同时齐到，分路进攻，都司杨万青向前砍杀，平毁葛塘集太平军炮台五座，游击李鸿勋杀入左右二垒，克复浦口，擒斩太平军尚书雷天佑等人。三月二十三日（1856年4月27日），张国梁、武庆移师进攻江浦，四面环攻，太平军由南门冲出，遂克复江浦县城，命总兵萨炳阿带兵驻守。四月二十五日（1856年5月28日），徽宁太平军渡江攻陷江浦县城。

湘军克复江西东乡 咸丰六年三月十一日（1856年4月15日），湘军知府邓辅纶、同知林源恩等败太平军于江西进贤县罗溪。三月十二日（1856年4月16日），克复进贤县城。同知李元度等由安仁、东乡交界白港地方进剿，克复东乡县城。

攻陷安徽宁国府城 太平军翼王石达开等由太平、泾县攻扑安徽

1856	咸丰六年	四月初十日，云南回武举**马凌汉**率众滋事。
1856	咸丰六年	四月十三日，官军**剿办贵州石岘苗民**。
1856	咸丰六年	四月十六日，云南回民**马三新率党肆行劫杀**。
1856	咸丰六年	四月十六日，礼部奏准各省驻防**翻译会试**中额。

宁国府城。咸丰六年三月二十八日（1856年5月2日），宁国府城失守。

朝鲜使臣朴齐宪等入觐 咸丰六年四月初四日（1856年5月7日），朝鲜国正使判中枢府事朴齐宪、副使礼曹判书林肯洙、书状官司宪府兼掌令赵翼东三人入觐于神武门外。

克复金溪 太平军攻占江西金溪县城后，上饶县廪生郭守谦等带勇由贵溪移营鱼塘相继进剿。咸丰六年四月初九日（1856年5月12日），郭守谦等由北门攻克金溪县城。

马凌汉率众滋事 咸丰六年四月初十日（1856年5月13日），云南新兴回武举马凌汉愤恨临安汉人横暴，率众到省城滋事。

剿办贵州石岘苗民 贵州铜仁人赵子隆等勾结石岘苗人滋事。咸丰六年三月十九日（1856年4月23日），四川副将蒋玉龙移师进剿，松桃同知恩彬等亦统兵会合。四月十三日（1856年5月16日），蒋玉龙、恩彬齐抵石岘城下，攻进卫城。

马三新率党肆行劫杀 咸丰六年四月初九日（1856年5月12日），云南昆阳州回民马三新率党千余人聚集云南省城外分驻东西顺城街，是日夜间，在小板桥地方肆行劫杀。四月十六日（1856年5月19日）夜间，回民在城外放火

1856—1856

1856	咸丰六年	四月十八日，谕令**安置金州地震受灾旗民**。
1856	咸丰六年	四月二十七日，**俄罗斯船投呈**，船只驶至黑龙江乌鲁苏卡江面。
1856	咸丰六年	四月二十八日，湖南援赣湘军进逼袁州，**克复万载**县城。

喊杀，预伏城内回民希图放火开城，经兵练擒杀，回首马三新当场格毙。

翻译会试 咸丰六年（1856）丙辰科翻译会试，各省驻防士子实在入场人数共十四名。是年四月十六日（1856年5月19日），礼部奏请钦定中额。奉朱批取中四名。

安置金州地震受灾旗民 咸丰五年（1855）冬间，奉天金州地震。咸丰六年（1856）正月至三月间，续报地震。先后震倒旗民住房共六百一十二间。同年四月十八日（1856年5月21日），谕令坍倒旗民房屋给与修费，妥为安置，每间给银八钱，共计银四百八十九两六钱。

俄罗斯船投呈 咸丰六年四月二十七日（1856年5月30日），有俄罗斯大船一只、小船两只驶至黑龙江乌鲁苏卡投递满文俄字兼书呈文一纸，声言今夏俄罗斯人船仍由黑龙、松花两江行走，业已咨报理藩院。四月三十日（1856年6月2日），复有俄罗斯船至黑龙江城东岸停泊，遣通事订期会晤。

克复万载 咸丰六年三月初六日（1856年4月10日）夜半，湖南援赣湘军同知萧启江等败太平军于荆树铺。三月十五日（1856年4月19日），复败太平军于栗树坳。三月二十一日（1856年4月25日），官军驻大桥。四月初三日

1856	咸丰六年	五月初三日，谕令**搭用制钱**，不得专用大钱。
1856	咸丰六年	五月初五日，广东官军**克复和平**县城，三合会入江西。
1856	咸丰六年	五月十一日，**太平军攻陷江苏溧水县城**。
1856	咸丰六年	五月十八日，**太平军攻破江南大营**。

（1856年5月6日），太平军空城以诱官军深入。同知萧启江等按兵不动。四月二十八日（1856年5月31日），官军大举攻城，遂克万载县城。

搭用制钱 大钱流通后，各钱铺开发钱票，并不搭用制钱，以致民间零星日用诸多窒碍，户部奏请搭用制钱成数，以期制钱、大钱相辅而行。咸丰六年五月初三日（1856年6月5日），内阁奉谕旨，京城各官号开放兵饷及开发宝钞，凡兵民到铺取钱，每京钱一吊，均著搭用制钱十分之一，其民间钱铺开发钱票，并著步军统领衙门、顺天府五城出示晓谕，一体遵照，不得专用大钱。

克复和平 广东和平县地方，屡被三合会滋扰。咸丰五年十二月（1856年1月）间，三合会结合长乐会党攻扑和平县城垣，官军迎战失利，三合会占据县城。咸丰六年五月初五日（1856年6月7日），提督昆寿督带兵勇，分三路进攻，先将小南门攻破，兵勇入城，三合会由东门退出，窜入江西，官军克复和平县城。

太平军攻陷江苏溧水 江苏溧水县城位于淮河东岸，江宁县之南，地位重要。咸丰六年五月十一日（1856年6月13日），太平军翼王石达开军由当涂进逼溧水县城，由西门而入，各勇寡不敌众，以致城池失守。

1856	咸丰六年	五月十九日，官军**克复雩都**县城，赣州府城解危。
1856	咸丰六年	六月十八日，湘军**克复江西南康**府城，毁太平军硝厂。
1856	咸丰六年	六月十八日，湖北援军**收复江西新昌**县城。

太平军攻破江南大营 咸丰六年五月十八日（1856年6月20日），太平军翼王石达开、燕王秦日纲等攻破江南大营，钦差大臣向荣、总兵张国梁败走淳化镇。

克复雩都 江西南赣一带，屡遭太平军及会党肆扰。五月十四日（1856年6月16日），候选从九品孙福同进攻白鸽桥，以火箭射入太平军营内，火药轰发，官军踏毁营垒，克复上犹县城。五月十九日（1856年6月21日），广东潮州镇总兵寿山带兵围攻雩都县城，用地雷轰坍城墙，克复县城，赣州府城解危。

克复江西南康 咸丰六年六月十一日（1856年7月12日），太平军战船上驶，经湘军惠潮嘉道彭玉麟派水师由东西两路包抄，炮轰太平军战船。六月十八日（1856年7月19日）五鼓，水师出队，分泊两岸，各带舢板，直逼南康城下，轰炮入城，太平军开东门退走，道员彭玉麟督水勇登岸进城，荡毁硝厂船厂，收复南康府城。

收复江西新昌 同知衔曾国华由浏阳驰抵江西万载县后，于咸丰六年六月十七日（1856年7月18日）进攻新昌县方塘。十八日（1856年7月19日），乘胜收复新昌县城。六月二十五日（1856年7月26日），曾国华直趋上高县，知县刘腾鸿等直入城中，收复上高县城。

吉林江水陡发 吉林地方自咸

1856	咸丰六年	六月十九日，**吉林江水陡发**，漫淹低洼田庐。
1856	咸丰六年	六月二十日，**赏加湖南湘乡县学文武学额**。
1856	咸丰六年	六月二十二日，湘军**克复江西饶州**府城。
1856	咸丰六年	六月二十二日，奉旨含芳园著赏给醇郡王奕𫍽居住。

丰六年（1856）六月中旬连日阴雨。六月十九日（1856年7月20日），大雨如注，江水陡发，至二十一日（1856年7月22日），即漫溢两岸，低洼田庐被淹。

赏加湖南湘乡县学文武学额 太平军起事后，湖南在籍侍郎曾国藩召募湘勇一万余人驻扎衡州，颇资捍卫。其后，湘军分水陆，克复武汉，屡著战功。咸丰六年六月二十日（1856年7月21日），内阁奉谕旨，所有湘乡县学额著于原额取进文童十五名外加增三名，取进武童十二名外加增三名，作为永远定额。

克复江西饶州 江西饶州府城，屡经太平军窥伺，曾国藩饬江西布政使耆龄督率水陆各军相机攻剿。咸丰六年六月初五日（1856年7月6日），太平军分股扑城，都司毕金科分途迎击，太平军抄袭后路，由北门攻陷饶州府城，千总李鹤龄等阵亡。曾国藩派令总兵居隆阿带兵会合耆龄水陆各军。六月二十二日（1856年7月23日），分路进攻，万炮齐轰，哨官杨占鳌首先登岸，毕金科等兵勇继进，由东门而入，克复饶州府城。

含芳园著赏给醇郡王奕𫍽居住

奕𫍽（1840—1890），清宣宗第七子，文宗即位后，封醇郡王。咸丰六年六月二十二日（1856年7月23日）奉旨，含芳园著赏给醇郡王奕𫍽居住。同年七月十六日（1856年8月16日），奏准派文

1856	咸丰六年	六月二十三日，**俄罗斯人分驾船只下驶**，搭盖房屋。
1856	咸丰六年	六月二十九日，承德**武列河水暴涨**，漫溢堤岸。
1856	咸丰六年	七月初五日，据报班禅额尔德尼**呼毕勒罕访获**。

庆、翁心存勘估整修。

俄罗斯人分驾船只下驶 咸丰六年六月二十三日（1856年7月24日），俄罗斯人分驾大小船只，载粮下驶，并于霍尔托库地方搭盖房屋。黑河口、乌苏哩口，时有俄罗斯船来往。是年七月二十四日（1856年8月24日），命军机大臣寄信黑龙江将军奕山等不可轻启衅端。

武列河水暴涨 承德府热河地方，四山环绕。咸丰六年六月初八日（1856年7月9日）以后，承德府大雨连绵。六月二十四、五（1856年7月25、26日）等日，山水涨发，狮子园围墙堤岸被冲坏。六月二十九日（1856年7月30日），山水自东北冲入武列河，挟沙带石，水势骤涨，深约八九尺，漫溢堤岸，庙宇民舍被冲计五十五间。

呼毕勒罕访获 咸丰三年（1853），班禅额尔德尼圆寂后历经三载有余。咸丰六年七月初五日（1856年8月5日），驻藏办事大臣赫特贺据朗结曲批禀报班禅额尔德尼呼毕勒罕已访获灵异幼子两名，照例办理。

翻译孝经 雍正年间（1723—1735），编辑《翻译孝经》，以为八旗各项考试命题之本。因无清文、汉字合写《孝经》，且其时满洲新语未备，书中音义，皆系旧语，各省驻防乡试、童试，

1856	咸丰六年	七月二十三日,厘定《翻译孝经》,刊刻成书,颁行中外。
1856	咸丰六年	七月二十四日,俄罗斯守信官赴**伊犁会议**。
1856	咸丰六年	七月二十八日,**贵州苗乱**,攻陷施秉县城。
1856	咸丰六年	八月初四日,内地民人遭风漂至朝鲜**宣沙镇**。

举行翻译,已历有年,在京各项考试,尤为八旗士子进身之阶,清文宗恐其循诵习传,不免参差简略,因此详加校阅,遵照乾隆年间(1736—1795)《钦定翻译五经新语》,悉加厘定,命武英殿刊刻清文汉字合璧。咸丰六年七月二十三日(1856年8月23日),刊刻成书,谕令颁行中外。

伊犁会议 咸丰六年七月十七日(1856年8月17日),俄罗斯守信官皮底波拉呢克、皮叶勒密什哩斯克因塔尔巴哈台回民烧抢俄罗斯商圈货物一案前赴伊犁,伊犁将军扎拉芬泰饬令委员于七月二十四日(1856年8月24日)前往俄罗斯商圈会议。

贵州苗乱 咸丰六年七月二十八日(1856年8月28日)夜,苗众攻陷施秉县城。八月初一日(1856年8月30日)夜,苗众攻陷都匀府城。八月十三日(1856年9月11日),攻陷清江厅城。十月二十五日(1856月11月22日)夜,提督孝顺、参将巴扬阿等督带兵练克复都匀府城。咸丰八年正月二十九日(1858年3月14日),都匀府城复失守。

宣沙镇 宣沙镇属朝鲜宣川府。咸丰六年七月十七日(1856年8月17日),奉天府凤凰城何富才等五人同船往大同口装载木材前往山东烟台。七月十八日(1856年8月18日)夜,猝遇大风,船只破

1856	咸丰六年	八月初五日，**甘肃拉安族滋事**，官军剿捕。
1856	咸丰六年	八月初五日，云南回首**杜文秀等据大理**。
1856	咸丰六年	八月初十日，授和春为钦差大臣，督办**江南军务**。
1856	咸丰六年	八月十六日，官军击败太平军，**收复江西安**

碎，三人淹没，何富才等二人乘船板漂至宣川府宣沙镇，专差卞寿献送回凤凰城。

甘肃拉安族滋事 甘肃拉安族纠结四川果洛克等族占据青海蒙古游牧，并窜扰嘉峪关外，抢劫饷鞘。咸丰六年八月初四日（1856年9月2日），提督索文会同西宁办事大臣带领兵勇进攻雪山。又分兵绕至山后，于八月初五日（1856年9月3日）黎明四面环攻，生擒滋事头人达洛尖齐，夺获账房、牲畜、军械无算。

杜文秀等据大理 咸丰六年八月初五日（1856年9月3日），云南迤西回汉连日互斗，回首杜文秀等率众占据大理上关、下关。同年十月初七日（1856年11月4日），杜文秀称总统兵马大元帅，设官分职。

江南军务 咸丰六年八月初十日（1856年9月8日），内阁奉谕旨，江南提督和春著授为钦差大臣，即日驰赴丹阳，接受关防，督办江南军务。

收复江西安义 太平军固守江西瑞州，咸丰六年八月初三日（1856年9月1日），太平军将军石姓自九江来援，湘军知县刘腾鸿、参将普承尧、都司彭山纪等于八月初四日（1856年9月2日）合力击退太平军，江西两湖之路疏通。八月十三日（1856年9月11日），湘军同知吴坤修收复靖安

		义县城。
1856	咸丰六年	八月十七日,江浙亢旱,兵民乏食,弛禁台米。
1856	咸丰六年	八月十八日,江南提督和春克复安徽三河城。
1856	咸丰六年	八月二十日,江南提督和春克复安徽庐江县城。
1856	咸丰六年	八月二十三日,官军克复江苏高淳县治。

县城。八月十六日（1856年9月14日），收复安义县城。

弛禁台米 咸丰六年（1856）五、六、七月以来，江浙两省，亢旱严重，灾象已成，兵民乏食。是年八月十七日（1856年9月15日），两江总督怡良等具折奏请弛禁通商，准其免税，以便台米源源接济。

克复安徽三河城 安徽三河城在合肥县之南，庐州失守后，太平军窜踞三河城。咸丰六年八月十一日（1856年9月9日），参将程智泉督带兵勇进攻太平军。八月十七日（1856年9月15日）夜，江南提督和春督同都统麟瑞等携带云梯，翻墙而入，生擒太平军指挥张太有、将军秦标盛等人。八月十八日（1856年9月16日），克复三河城。

和春克复安徽庐江 咸丰六年八月十八日（1856年9月16日），官军攻克三河城后，江南提督和春即饬都统麟瑞、团练吴长庆等于八月十九日（1856年9月17日）夜间乘雨进兵，驰攻庐江。八月二十日（1856年9月18日）黎明，齐抵庐江城外，官军两面夹击，马队左右围抄，兵勇竖梯登城，克复庐江县城，生擒太平军检点黄大合、将军高长等人。

克复江苏高淳 江苏高淳县，属江宁府，在江宁县之南，高淳县南与安徽接壤。太平军固守高淳

1856–1856

1856	咸丰六年	八月二十六日，贵州苗乱，**台拱厅城失守**。
1856	咸丰六年	九月初一日，内阁奉谕旨班禅额尔德尼呼毕勒罕访得二童，照定例**金瓶掣签**。
1856	咸丰六年	九月初二日，官军**攻克安徽无为**州城。
1856	咸丰六年	九月初四日，湘军**克复江西宜黄、崇仁**县城。

县治，总兵傅振邦克复东坝后，于咸丰六年八月二十三日（1856年9月21日）分派马步兵勇先驱，亲督大队继进，高淳县文武各官带领乡团助剿，克复高淳县治。

台拱厅城失守 贵州苗乱扩大，咸丰六年八月二十六日（1856年9月24日），台拱厅城失守。九月十一日（1856年10月9日）夜间，黄平州城亦被攻陷。

金瓶掣签 西藏班禅额尔德尼涅槃将及四载，驻藏办事大臣赫特贺奏明访得知觉异常灵妙二童。咸丰六年九月初一日（1856年9月29日），内阁奉谕旨，即照定例将此二童之名入于金瓶内啧经掣签，以定呼毕勒罕。

攻克安徽无为 安徽无为州城久为太平军占据，咸丰六年八月二十八日（1856年9月26日），即选知府李元华督带练勇由盛家桥等处进剿。九月初一日（1856年9月29日），太平军由西南二门分路攻击官军，经官军击退。九月初二日（1856年9月30日）夜间，官军将东西两门沿城房屋焚毁，兵勇蚁附登城，随将无为州城克复。

克复江西宜黄、崇仁 宜黄县、崇仁县俱属江西抚州府，为太平军所踞。咸丰六年九月初二日（1856年9月30日），湘军同知李元度、林源恩分兵四营先剿宜黄。九月初四日（1856年10月

1856	咸丰六年	九月初十日，**亚罗划艇事件**，巴夏礼抗议。
1856	咸丰六年	九月十一日，绥远城驻防满洲官兵准其**添演秋围**。
1856	咸丰六年	九月十二日，查勘**盛京宫殿奏请修理**。
1856	咸丰六年	九月十六日，云南**姚州回乱**，官军进剿，收复姚州城池。

2日），举人陈大力带兵入城，收复宜黄县城，乘胜收复崇仁县城。

亚罗划艇事件 咸丰六年八月二十八日（1856年9月26日），中国划艇亚罗号在香港注册期满。同年九月初十日（1856年10月8日），广东水师千总梁国定搜查私运鸦片之亚罗号划艇，拘捕内地逸匪水手李明太等十二人，拔去艇上英国国旗。英领事巴夏礼抗议，要求释放。

添演秋围 咸丰六年九月十一日（1856年10月9日），兵部议准绥远城驻防满洲营官兵添演秋围，于每年九、十月选派官十员，兵五百名，赴山后牧场驻扎，十五日射猎，练习马上枪箭，行围官兵按年更换。所需口粮，准其于卡伦官兵盘费银内提银支给。其后西安、宁夏亦依照办理。十一月十五日（1856年12月12日），将军萨迎阿奏准于西安驻防满洲营马甲内挑选二百名演马枪，二百名演马箭，每月操演九次，以资练习。

盛京宫殿奏请修理 咸丰六年（1856）九月，据内务府掌图记佐领岫云呈报盛京清宁宫院内关雎宫、麟趾宫因连日阴雨俱各倒坏，永福宫后檐坠落，衍庆宫后檐柱脚沉陷，亦将坠落。九月十二日（1856年10月10日），署盛京将军承志等具折奏请修理。

姚州回乱 云南姚州回乱，戕官

1856	咸丰六年	九月十八日,蠲缓之年,**严禁卖荒**。
1856	咸丰六年	九月二十三日,内阁奉谕旨,著将翻译《**大学衍义**》刊板交武英殿刷印颁行。
1856	咸丰六年	九月二十四日,**叶名琛释放水手**,不允道歉。
1856	咸丰六年	九月二十八日,安徽官兵**克复**和州城池。

踞城,官军提督文祥督兵围攻。咸丰六年九月十五、十六(1856年10月13、14日)等日,投诚良回等缚献戕害学正盛续芳等首犯何添冲、回民首领马国才等人,收复姚州城池。

严禁卖荒 江苏省苏松等属州县,每遇蠲缓之年,书吏辄向业户索取钱文,始为业户填注荒歉,称为卖荒。出钱业户虽然丰收,亦得缓征;不肯出钱业户虽然荒歉,亦不获查办。甚至不肖州县通同分肥,以致开征时有抗欠闹漕等事,御史钱以同曾具折奏请严禁官吏卖荒。咸丰六年九月十八日(1856年10月16日),内阁奉谕旨严禁卖荒情弊,以纾民困。

大学衍义 康熙十一年(1672),清圣祖命翰林院掌学士傅达礼等翻译颁行《大学衍义》。惟其时满洲新语未备,又仅满文单行,未及增注汉字。咸丰六年(1856),巴里坤领队大臣三等侍卫孟保翻译《大学衍义》,按新语详加厘定,经镶黄旗汉军校刊,满汉合璧,刊刻成书。同年九月二十三日(1856年10月21日),内阁奉谕旨,著将刊板交武英殿刷印颁行,俾在京八旗及各省驻防同资讲肄。

叶名琛释放水手 咸丰六年九月十四日(1856年10月12日),巴夏礼再向两广总督叶名琛抗议,除释放水手外,并要求交还划艇,尊重英旗,向英国道歉。同年九月二十四日(1856年10月22

1856	咸丰六年	九月二十九日，官军**克复安徽巢县**城池。
1856	咸丰六年	十月初四日，江西官军**克复安徽休宁**县城。
1856	咸丰六年	十月初九日，内阁奉谕旨，命直隶总督**安插流民**。

日），叶名琛释放水手十二名，不允道歉。九月二十五日（1856年10月23日），英国海军进攻广州。十月初一日（1856年10月29日），英军破广州新城，进入总督衙门。

克复和州 咸丰六年九月二十六日（1856年10月24日），安徽总兵音德布进攻和州。九月二十七日（1856年10月25日），进扎河村铺，太平军大至，参将惠成、锡昌分兵进攻。九月二十八日（1856年10月26日），克复和州城池，击毙太平军仆射一名，生擒三十一名。

克复安徽巢县 安徽巢县属庐州府，在合肥县东南。太平军派重兵驻守，咸丰六年九月十六日（1856年10月14日），安徽巡抚福济派令副将札隆武等扎营于姚庙冈一带，太平军大队直扑官军新营，总兵郑魁士受伤力战。九月二十八日（1856年10月26日），札隆武等分路进攻巢县各门。九月二十九日（1856年10月27日），福济亲督诸军各竖云梯，争先登城，克复巢县城池。

克复安徽休宁 休宁县属安徽徽州府，江西太平军经官军击败后转进安徽徽州婺源，攻陷县城，并分股占据休宁县城。江西巡抚张芾派拨兵勇亲自督阵，总兵江长贵带兵率同民团，并力夹攻，副将周天受带领川兵奋击。咸丰六年十月初四日（1856年11月1日）兵勇登城，克复休宁县城。

安插流民 咸丰六年（1856），

1856	咸丰六年	十月初九日，贵州苗乱，**攻陷清平**县城。
1856	咸丰六年	十月十五日，内阁奉谕旨，**封闭伊犁铜厂**。
1856	咸丰六年	十月二十六日，贵州官军**克复都匀**府城。
1856	咸丰六年	十一月初一日，《实录》、《圣训》告成，**御殿受书**。

直隶被水、被旱、被蝗成灾较重州县准其筹拨米谷银两分别赈济，并于长芦应解部款内拨给制钱九万串，以为加赈之需。御史毛昶熙奏闻保定以南流民载道，请饬妥筹安插。同年十月初九日（1856年11月6日），内阁奉谕旨，著直隶总督、顺天府尹通饬各属查有出境灾民，即行随地安插，毋令什百成群迁徙出境。

攻陷清平 贵州苗族起事，凯里、黄平等地相继失陷，清平县城屡遭攻扰，兵练赴援路阻，咸丰六年十月初九日（1856年11月6日），攻陷清平县城。

封闭伊犁铜厂 咸丰六年十月十五日（1856年11月12日），内阁奉谕旨，伊犁雅玛图铜厂，采炼铜斤，所入不敷所费，著即暂行封闭，停止开采。

克复都匀 斋教是一种民间秘密宗教，也是南传无为教各种支派的统称，清朝政府以其吃斋且多为不法，故称为斋匪。贵州斋匪起事后，攻陷都匀府城，提督孝顺、参将巴扬阿分路攻剿。咸丰六年十月二十五日（1856年11月22日）夜间，兵练由西北门进城，当即克复都匀府城。

御殿受书 清文宗嗣位之初，命大学士等督率官员纂修《宣宗成皇帝实录》，共成书四百七十六卷，又续辑《圣训》一百三十卷。咸丰六年十一月初一日（1856年11月25日），清文宗御保和殿受书。

1856	咸丰六年	十一月初一日，湘军赴援江西，**克复袁州**府城。
1856	咸丰六年	十一月初八日，官军**克复河南邓州**城池。
1856	咸丰六年	十一月初十日，严禁奸商**重票轻钱**。

克复袁州 江西袁州府辖宜春、分宜、萍乡、万载四县。湘军赴援江西，自克复萍乡、万载两县后，即补道刘长佑、即选知府萧启江合兵环攻袁州、分宜郡县两城，自咸丰六年八月二十九日至十月十六日（1856年9月27日至11月13日），统计擒斩来援太平军三千六百余名，并击毙太平军检点傅忠信等人。十月二十四日（1856年11月21日）夜间克复分宜县城，太平军副侍卫李能通投降，并令其党为内应。十一月初一日（1856年11月28日），即选知县刘坤一等进攻袁州府城，夺门而入，太平军检点黄毓生由南门逃出，被楚勇胡盛久等擒获，指挥杨如松等亦为官军生擒，遂克复袁州府城。

克复河南邓州 邓州、内乡县俱属河南南阳府。咸丰六年（1856）十月间，襄樊土寇由新野攻陷邓州，总兵庆德、邱联恩等督带兵勇进剿。同年十一月初七日（1856年12月4日），官军进至邓州七里河。十一月初八日（1856年12月5日），邱联恩等亲督兵勇收复邓州城池。咸丰七年二月间，湖北太平军及土寇攻陷内乡县城，旋经邱联恩督率兵勇乘胜收复内乡县城。

重票轻钱 当十大钱，京外日渐流通，便民利用。因奸商重票轻钱，以致大钱渐形阻滞，民间物价日昂。咸丰六年十一月初十日（1856年12月7日），内阁奉谕

1856	咸丰六年	十一月十五日，**河口淤滩**试办开垦。
1856	咸丰六年	十一月二十二日，湖北官军**克复武昌**省城。
1856	咸丰六年	十二月初三日，安徽官军**克复潜山**县城。
1857	咸丰六年	十二月初九日，官军**克复湖北黄梅**县城。

旨，著步军统领衙门、顺天府五城一体出示晓谕，严禁奸商重票轻钱，任意增减，把持市价，渔利病民。

河口淤滩 黄河海口两岸淤滩，均系旷土，可资耕种，河道总督庚长奏请设法招垦，以裕经费。咸丰六年十一月十五日（1856年12月12日），内阁奉谕旨，遴派妥员往勘，俟试办有效，再行酌议章程。其萧南、丰北二厅以下河滩隙地，亦著妥员一体酌办。

克复武昌 湖北武昌省城久为太平军占据，咸丰六年十月二十六日（1856年11月23日），总兵杨载福督率水师进攻武昌鲇鱼套、汉阳南岸觜，血战数日。十一月十五日（1856年12月12日），湖北巡抚胡林翼与湖广总督官文约期水陆大举。十一月二十二日（1856年12月19日），总兵杨载福亲督水师十三营分上、下游夹击，官军共毙太平军一万余人，生擒检点古又新等五十四人，乘胜克复武昌省城。同日，官文亲率官兵直逼汉阳城下。是日申刻将汉阳城池克复。十一月二十三日（1856年12月20日），杨载福等遣道员李续宾克复武昌县城。十一月二十四日（1856年12月21日），克复黄州府城。十一月二十六（1856年12月23日）等日，克复兴国、大冶、蕲水、蕲州等四州县城池。

克复潜山 安徽兵勇自攻克无为

		1857—1857
1857	咸丰六年	十二月初九日，官军**克复江西新喻**县城。
1857	咸丰六年	十二月初十日，官军**克复安徽太湖**县城。
1857	咸丰六年	十二月二十三日，官军**克复江西奉新**县城。
1857	咸丰六年	十二月二十四日，官军**克复湖北竹山**县城。

州城后即进攻桐城，并分兵以取潜山。咸丰六年十二月初一日（1856年12月27日），即选知府李元华等分队进抵龙井关。十二月初三日（1856年12月29日），李元华与潜山县知县王日川等进抵北门，填壕直进，克复潜山县城。

克复湖北黄梅 湖北官军克复武汉后，太平军向黄梅县转进。江宁将军都兴阿等由广济进剿。咸丰六年十二月初九日（1857年1月4日），都兴阿由大河铺进攻黄梅县城。总兵王国才等派兵勇登堞，马队继进，太平军由东门退走，遂克复黄梅县城。

克复江西新喻 湖南官军克复袁州、分宜郡县城池后，即补道刘长佑由分宜进剿新喻，即选知府萧启江由万载进复上高。咸丰六年十二月初九日（1857年1月4日），刘长佑克复新喻县城。

克复安徽太湖 安徽太湖县城久被太平军占据。咸丰六年十二月初九日（1857年1月4日），候补知府李元华派令候补县丞文锡珺等统带官兵分攻各门，绅士胡勉仁等举火内应，遂于十二月初十日（1857年1月5日）克复太湖县城。

克复江西奉新 湖北援兵克复江西安义、靖安后，即进军奉新。咸丰六年十二月二十三日（1857年1月18日）黎明，官军施放连环枪炮，直逼城下，各路乡团，并力环攻，由北门登城，克复奉新县城。

克复湖北竹山 太平军占据湖北

1857	咸丰七年	正月初八日，**美国不参与英国对华行动**。
1857	咸丰七年	正月初九日，命**福建援案酌免货税**，以广招徕。
1857	咸丰七年	正月二十五日，湖北**太平军退出宜昌**府城。
1857	咸丰七年	二月初四日，安徽**休宁、祁门永加学额**。
1857	咸丰七年	二月初八日，**太平军占领安徽六安州城**。

竹山县城后，在南关河沿及龙背山筑垒坚守。咸丰六年十二月二十一（1857年1月16日）等日，陕西延绥镇副将龙泽厚等出境进剿，攻破太平军营垒，围攻竹山县城。十二月二十三日（1857年1月18日），太平军乘夜由西门退出。十二月二十四日（1857年1月19日），官军克复竹山县城。

美国不参与英国对华行动　咸丰七年正月初八日（1857年2月2日），美国务卿马西训令美使伯驾（Peter Parker, 1804—1889），美国不参与英国对华行动。

福建援案酌免货税　福建省城因粮价腾贵，闽浙总督王懿德奏请援案酌免货税，以广招徕。咸丰七年正月初九日（1857年2月3日），内阁奉谕旨，准其查照成案，采买台米，除免配官谷一次外，所有随带余货，均著免税二成。

太平军退出宜昌　咸丰七年正月二十四日（1857年2月18日），湖北宜昌府城太平军据守白洋地方，经官兵剿败。正月二十五日（1857年2月19日），太平军开门退出，官军收复宜昌府城。

休宁、祁门永加学额　当太平军进攻安徽休宁、祁门二县期间，绅民集团助战，申明大义。咸丰七年二月初四日（1857年2月27日），内阁奉谕旨，休宁县文武

1857	咸丰七年	二月初九日，官军**收复湖北荆门**州城。
1857	咸丰七年	二月十三日，内阁奉谕旨，福建在籍贡生倡议**开设官局**，行用官票，著有成效，准其奖叙。
1857	咸丰七年	二月二十七日，官军**收复安徽婺源**县城。
1857	咸丰七年	三月初五日，驻美英使劝美与**英法同盟**对华用兵。

学额永远增广各三名，祁门县文武学额永远增广各两名。

太平军占领安徽六安 太平军地官副丞相李秀成纠合捻军李昭寿进攻安徽六安地方。咸丰七年二月初八日（1857年3月3日），进兵二十里铺，署知州金宝树等带兵勇迎击，因兵勇未及回援，太平军攻陷六安州城。

收复湖北荆门 咸丰七年二月初六日（1857年3月1日），湖北太平军攻陷荆门州城。官军守备胡举高、训导邹汉章等分带团勇会合夹击。二月初九日（1857年3月4日）夜半，太平军潜开北门退走，官军遂收复荆门州城。

开设官局 福建自咸丰三年（1853）间办理军务需饷浩繁，银钱不能周转。在籍候选训导优贡生王式金倡议开设官银钱局，行用官票，著有成效，王式金著准其以府经历县丞不论双单月遇缺选用。

收复安徽婺源 江西景德镇太平军攻陷安徽婺源县城后，总兵周天受带兵督剿。咸丰七年二月二十七日（1857年3月22日），知县杨裕仁等督率兵勇分路进攻，收复婺源县城。

英法同盟 咸丰七年三月初五日（1857年3月30日），驻美英使照会美国务卿，劝美国与英法同盟

1857	咸丰七年	四月初四日，官军**克复福建汀州**府城。
1857	咸丰七年	四月初十日，官军**克复安徽霍邱**县城。
1857	咸丰七年	四月十一日，**湖北官军越境克复安徽英山**县城。
1857	咸丰七年	四月十二日，琉球使臣向有恒等入觐于午门外。

对华用兵，要求北京驻使，扩大通商，减低税率，在华外人宗教自由。三月十六日（1857年4月10日），美国务卿照覆英使，婉拒对华用兵，允与英法一致要求修约。三月二十八日（1857年4月22日），美国以列卫廉（William Bradford Reed, 1806—1876）代伯驾为驻华公使。

克复福建汀州 太平军结合闽粤会党攻陷福建汀州府后，咸丰七年四月初四日（1857年4月27日），长汀知县庞立志率兵勇克复汀州府城，太平军窜往上杭。四月二十三日（1857年5月16日），太平军攻陷汀州府属连城县城。五月十四日（1857年6月5日），福建光泽县各乡联甲壮丁万余人攻克光泽县城。

克复安徽霍邱 咸丰七年四月初十（1857年5月3日），勇目陈万金等带领团勇进攻安徽霍邱县城西门，以投诚之捻目张金桂为向导，克复霍邱县城。

湖北官军越境克复安徽英山 咸丰七年四月初四日（1857年4月27日），太平军豫天侯陈玉成占领安徽英山县城，署蕲州知州兼署罗田县知县彭应鲤进剿。四月十一（1857年5月4日），湖北援军到安徽，参将赵鸿举等分路抄击，克复英山县城。

1857	咸丰七年	四月十六日,官军克复安徽正阳关口。
1857	咸丰七年	四月十六日,法国要求解决西林教案。
1857	咸丰七年	四月二十八日,《宣宗成皇帝本纪》告成,出力各员量予恩施。
1857	咸丰七年	五月初八日,美国务卿训令美使要求修约,协助禁烟。

琉球使臣向有恒等入觐 咸丰七年四月十二日(1857年5月5日),琉球国正使耳目官向有恒、副使正议大夫阮宣诏二人入觐于午门外。

克复安徽正阳关口 安徽正阳关为南北冲要,安徽把总黄鸣铎由水路进攻,寿州知州黄元吉进攻隐贤集,署庐凤道金光筋督水陆各兵于咸丰七年四月十六日(1857年5月9日)乘胜冲入镇内,克复正阳关。

西林教案 咸丰六年正月二十四日(1856年2月29日),法国教士马赖神父在广西西林为知县张鸣凤所杀。咸丰七年四月十六日(1857年5月9日),法国外部训令法使葛罗向清朝政府要求解决西林教案,修改条约,北京驻使。

宣宗成皇帝本纪 本纪是传统正史中记载帝王大事的专文,是全书的大纲,始于开国之君,以一帝为一纪,以为后代纲纪,属于编年体。咸丰七年四月二十八日(1857年5月21日),内阁奉谕旨,《宣宗成皇帝本纪》告成,国史馆提调官内阁侍读崇芳等尽心编辑,量予恩施。

美国务卿训令美使要求修约 咸丰七年五月初八日(1857年5月30日),美国务卿卡斯(Lewis Cass,1782-1866)训令新任驻华

1857—1857

1857	咸丰七年	五月二十日，官军连毁太平军营垒，**克复江苏溧水**县城。
1857	咸丰七年	五月二十三日，新疆**乌什垦荒**工竣，每亩五升科则。
1857	咸丰七年	五月二十八日，钦定启字辈分以下用焘闿增祺四字，**按字命名**。
1857	咸丰七年	闰五月初九日，内阁奉谕旨，著准试**铸铁制钱**。

美使列卫廉继续与清廷交涉，要求修约，协助禁烟，与英法和平合作，不参加军事行动。

克复江苏溧水 江苏溧水县属江宁府，咸丰七年五月十四（1857年6月5日）等日，太平军于邹山修筑营垒。总兵傅振邦等带领马步分攻太平军，连毁其营垒数十座，直逼城下。五月二十日（1857年6月11日），克复溧水县城，生擒太平军副丞相高姓等二十余名。

乌什垦荒 新疆乌什骆驼巴什地方，开垦荒地，并挖渠道等工完竣，咸丰七年五月二十三日（1857年6月4日），内阁奉谕旨，准其自咸丰八年（1858）为始，援照成案，每亩五升科则，一律以小麦升科。

按字命名 道光六年（1826），清宣宗于载字辈分以下续选溥毓恒启四字，依次命名。咸丰七年五月二十八日（1857年6月19日），内阁奉谕旨，自启字辈分以下续选用焘闿增祺四字，按字命名。

铸铁制钱 咸丰七年闰五月初九日（1857年6月30日），内阁奉谕旨，工部宝源局应铸铁制钱，著准其在铁钱局西北两厂内添炉鼓铸，分交工局管理。

		1857—1857
1857	咸丰七年	闰五月初九日，官军**克复福建邵武**府城。
1857	咸丰七年	闰五月二十一日，云南回首马如龙聚众围困省城。
1857	咸丰七年	闰五月二十二日，官军**克复福建泰宁**县城。
1857	咸丰七年	闰五月二十五日，官军**克复江苏句容**县城。
1857	咸丰七年	六月初四日，官军**收复安徽霍山**县城。

克复福建邵武 官军克复福建汀州、光泽等城池后，福建代理臬司赵印川、保升参将毕定邦等统率官军，并会合团练进剿太平军。咸丰七年闰五月初九日（1857年6月30日），收复邵武府城。

马如龙聚众围困省城 咸丰七年闰五月二十一日（1857年7月12日），云南建水回武生马如龙等聚众击败官军，围困省城，大肆焚杀。

克复福建泰宁 咸丰七年闰五月二十一日（1857年7月12日），福建提督钟宝三统带兵勇进攻泰宁县城，四乡甲丁由后路抄袭，太平军向西北败走。闰五月二十二日（1857年7月13日），官军收复泰宁县城。

克复江苏句容 江苏句容县，属江宁府，在江宁县东南，形势险要。太平军分陷溧水、句容以为犄角。官军克复溧水县城后，总兵傅振邦即率兵围攻。咸丰七年闰五月二十一日（1857年7月12日），提督张国梁督队进攻。闰五月二十四日（1857年7月15日）初更，官军携带攻城器具，直抵句容县城根。闰五月二十五日（1857年7月16日）子时，克复句容县城。

1857	咸丰七年	六月初九日，援黔湘军**克复贵州永从**县城。
1857	咸丰七年	七月初三日，内阁奉谕旨，以**八旗生计**艰难，即行散放赈米。
1857	咸丰七年	七月初九日，理藩院行文**知照俄罗斯撤回海兰泡人船**。

收复安徽霍山 官军布政使李孟群一军自入安徽攻克英山县城后，督率兵勇进逼霍山城下。咸丰七年六月初三、初四（1857年7月23、24日）等日，各路官军及各保团练进剿，收复霍山县城。

克复贵州永从 湖南湘军由锦屏前赴黎平后，各苗寨坚强抗拒。知州兆琛督兵进剿，署黎平府知府多文派兵来会。咸丰七年五月十三日至闰五月十二等日（1857年6月4日至7月3日）击败叛苗。南路官军于五月二十五日至闰五月初九等日（1857年6月17日至30日），连次获胜。六月初九日（1857年7月29日），兵勇乘胜由南门登城，生擒叛苗将军潘老建等，遂收复永从县城。

八旗生计 咸丰七年七月初三日（1857年8月22日），内阁奉谕旨，八旗满洲、蒙古、汉军暨内务府三旗每日每旗各领米六石，由户部筹拨，因米价昂贵，八旗生计艰难，自七月起即行散放赈米。

知照俄罗斯撤回海兰泡人船 俄罗斯船纷纷往返黑龙江，人数众多，且欲令江左屯户移居江右，图占地方。咸丰七年七月初九日（1857年8月28日），理藩院行文知照俄罗斯萨那特衙门将海兰泡等处人船撤回，不得仍在内地行走。

万世人极 咸丰七年七月十三日（1857年9月1日），内阁奉谕旨，御书万世人极匾额，著造办处成

1857	咸丰七年	七月十三日，内阁奉谕旨，御书**万世人极**，著悬挂关帝庙。
1857	咸丰七年	七月十四日，官军**克复江西瑞州**府城。
1857	咸丰七年	七月十七日，援桂湘军**克复兴安**县城。
1857	咸丰七年	七月二十八日，官军**克复英吉沙尔**回城。

造一份恭悬京师地安门外关帝庙，各直省府州县关帝庙著御书处摹勒颁发，一体悬挂。其墨笔御书赍送山西解州关帝庙收藏。

克复江西瑞州 太平军自咸丰五年（1855）冬间占领江西瑞州府城后，官军屡攻不克。咸丰七年七月初五（1857年8月24日）等日，湘军知州刘腾鸿、副将普承尧、道员吴坤修等督率兵勇大举进攻。七月十三日（1857年9月1日），炮毙太平军将军黄光，官军知州刘腾鸿战死。七月十四日（1857年9月2日），官军克复瑞州府城。

克复兴安 湖南援桂湘军，大小数十战，广西土寇占据灵川、兴安等县城，声势颇大。咸丰七年六月十四日（1857年8月3日），官军克复灵川县城。七月十七日（1857年9月5日），候选知府蒋益澧、江忠濬带勇乘夜克复兴安县城。

克复英吉沙尔 英吉沙尔，本疏勒府属地，明时为喀什噶尔地，清朝乾隆年间内附，原称英阿杂尔，后改名英吉沙尔，回语"英吉"为新，"沙尔"为城，以其城新筑，故称英吉沙尔，分为回城与汉城。咸丰七年五月十八日（1857年6月9日），浩罕安集延回倭里罕等攻陷英吉沙尔回城，围攻汉城。同年七月二十八日（1857年9月16日），伊犁参赞大臣法福礼督兵克复英吉沙尔回城。八月初三日（1857年9月20

1857	咸丰七年	七月二十八日，内阁奉谕旨，河南学政俞樾呈递《易原图》著发还。
1857	咸丰七年	八月初三日，官军**克复喀什噶尔回城**。
1857	咸丰七年	八月十五日，官军**克复广西南宁**府城。
1857	咸丰七年	八月二十八日，官军**克复江西东乡**县城。
1857	咸丰七年	九月初九日，官军**克复江西湖口**县城。

日），克复汉城。

易原图 康熙年间，大学士李光第等奉旨编辑《周易折中》，河南学政俞樾衍为两仪四象八卦六十四卦之图，穿凿附会，转失其真。咸丰七年七月二十八日（1857年9月16日），内阁奉谕旨，原图著发还。

克复喀什噶尔回城 官军克复新疆英吉沙尔回城后，叛回逃往喀什噶尔回城，引水淹灌汉城。咸丰七年八月初三日（1857年9月20日），官军分路进剿，收复喀什噶尔回城。

克复广西南宁 广西土寇攻陷南宁府城，道员吴德征、总兵色克精阿、署参将廖达章督率兵勇进攻南宁府城。咸丰七年八月十五日（1857年10月2日），官军会同团练，克复南宁府城。

克复江西东乡 江西东乡县城久为太平军占领，咸丰七年八月二十八日（1857年10月15日），总兵李定太督带兵勇冒雨进攻。是日夜，李定太派拨兵勇，四面合围，太平军弃城走，官军克复东乡县城。

克复江西湖口 咸丰七年九月初七日（1857年10月24日），湘军提督杨载福等定计水陆大举，初八日（1857年10月25日），水陆各军齐攻湖口。初九日（1857年10月26

1857	咸丰七年	九月二十三日,湘军**克复安徽望江**县城。
1857	咸丰七年	十月十九日,湘军**克复江西吉水**县城。
1857	咸丰七年	十月二十七日,英法专使给叶名琛**最后通牒**。
1857	咸丰七年	十月三十日,命云贵总督晓谕汉回**各安生业**。
1857	咸丰七年	十一月初二日,**朝鲜遭风难民到福州安顿**。

日),各勇架梯缘城,将火箭射入城中,克复湖口县城,其梅家洲太平军城池,亦经兵勇攻拔。

克复安徽望江 湘军提督杨载福等自克复彭泽县后即进逼安徽望江县城,水陆并进。咸丰七年九月二十三日(1857年11月9日),克复望江县城。二十四日(1857年11月10日),乘胜克复东流县城。九月二十八日(1857年11月14日),克复铜陵县城。

克复江西吉水 太平军占据江西吉水县城,咸丰七年十月初六日(1857年11月21日),湘军总兵普承尧等分路由真君山等处进攻。十月十九日(1857年12月4日)夜,知县黄秉珍等进攻县城,乘势登城,收复吉水县城。

最后通牒 咸丰七年十月二十七日(1857年12月12日),英国专使额尔金、法国专使葛罗照会两广总督叶名琛,要求履行条约规定,赔偿损失,保障安全,抚恤被害教士家族,限十日答复,并声明于两日后即先占河南岛为质。十月二十九日(1857年12月14日),叶名琛分别照覆英法专使,拒其要求。

各安生业 云南地方官办理不得其平,以致各属汉回仇杀,几遍三迤。咸丰七年十月三十日(1857年12月15日),内阁奉

1857—1857

1857	咸丰七年	十一月初七日，大凌河马厂开垦升科。
1857	咸丰七年	十一月十二日，官军克复江苏瓜洲。
1857	咸丰七年	十一月十二日，官军克复江苏镇江府城。
1857	咸丰七年	十一月十三日，广西土寇攻陷广东灵山县城。

谕旨，命云贵总督吴振棫刊刻誊黄，晓谕汉回，秉公查办，以息争端，各安生业。

朝鲜遭风难民到福州安顿 咸丰六年九月十一日（1856年10月9日），朝鲜全罗道人金应彩等六名置造小船一只开驾出海捕鱼，陡遇大风，吹损船身。九月二十三日（1856年10月21日），漂至琉球洋面。咸丰七年十月初十日（1857年11月25日），附搭琉球接贡船只赴闽。同年十一月初二日（1856年12月17日），到福州安顿。其中高得松一名于咸丰八年八月十二日（1858年9月18日）因病身故。

马厂开垦 奉天锦州府属大凌河东岸，是牧马不到之区，盛京将军庆祺奏陈与其久旷地利，不如入官升科。咸丰七年十一月初七日（1857年12月22日），内阁奉谕旨，著照所请，准令锦州所属八旗五边四路甲兵及牧群衙门牧丁掣签分领，照例升科。

克复江苏瓜洲 太平军占领江苏瓜洲，据险固守。咸丰七年十一月初九日（1857年12月24日），钦差大臣德兴阿等亲督兵勇进剿。十二日（1857年12月27日），官军分路前进，纵火焚烧土城，克复瓜洲。

克复江苏镇江 太平天国定都金陵后，分军占据镇江与瓜洲，互为犄角。咸丰七年（1857），湖南提督张国梁等督带兵勇进剿，连夺下蜀街西太平军营十七座。阵斩洪秀全之侄安王洪仁发等首

		1858—1858
1858	咸丰七年	十一月十八日，官军击败捻首张洛行，**再克霍山**。
1858	咸丰七年	十一月二十一日，**英人掳去总督叶名琛**，拘于英舰。
1858	咸丰七年	十二月初三日，云贵商贩**铅斤开禁**。

级。同年十一月初九日（1857年12月24日），官兵进抵龙潭。十二日（1857年12月27日），攻克镇江府城。

广西土寇攻陷广东灵山 咸丰七年（1857）六月间，广西土寇两次攻扑广东灵山县城，经廉州府知府郭椿寿击退后败回广西横州南乡屯聚。十月二十四日（1857年12月9日），知府郭椿寿带领兵勇越境剿寇。十一月十三日（1857年12月28日）夜间，广西土寇攻陷灵山县城。

再克霍山 安徽捻首张洛行等分军占据霍山县城，咸丰七年十一月初三日（1857年12月18日），安徽布政使李孟群督饬知府袁怀忠等进剿。十一月十八日（1858年1月2日），官军分路前进，收复霍山县城。旋太平军复陷霍山县城。十二月十三日（1858年1月27日），代理知县王自籙复由西门攻入，克复霍山县城。

英人掳去总督叶名琛 咸丰七年十一月十四日（1857年12月29日），英军占据广州观音山北门内外各炮台。十一月二十一日（1858年1月5日），英人巴夏礼等突至副都统双禧署中将两广总督叶名琛拉赴虎门，拘于英舰。咸丰八年正月初九日（1858年2月22日），英军将叶名琛自香港送往印度加尔各答。

铅斤开禁 云贵厂地出产铅斤，向准商贾出售，黄宗汉在四川总督任内，因恐军火有关，奏明停

1858	咸丰七年	十二月初八日，湘军**克复江西临江**府城。
1858	咸丰七年	十二月二十一日，河南学政**俞樾**出题割裂革职。
1858	咸丰七年	十二月二十九日，云南官军**收复邓川**州城。
1858	咸丰七年	十二月二十九日，内阁奉谕旨，实力**编查海船**。

止。云贵总督吴振棫等查明此项铅斤，并不能铸造枪炮铅丸，而自禁闭以来，贫民失业，反多苦累，于是奏请仍开铅禁。咸丰七年十二月初三日（1858年1月17日），内阁奉谕旨，所有云贵各属商贩铅斤，仍行开禁，并准其领票营销。

克复江西临江 太平军固守江西临江府城，湘军昼夜环攻，历经十个月之久，江西所派道员刘于淳则带兵水陆分布。咸丰七年十二月初八日（1858年1月22日）夜，道员刘长佑等督兵疾进，克复临江府城，太平军检点张发纪等北走。

俞樾（1821—1906） 俞樾，浙江德清人，字荫甫，号曲园。道光三十年（1850），进士，官编修。研究经学，旁及诸书，以高邮王念孙、王引之父子为宗。曾主讲苏州紫阳、上海求志各书院，著有《春在堂全集》，其《群经平议》、《诸子平议》、《古书疑义举例》三书尤著。俞樾在河南学政任内以出题割裂，奉旨革职。咸丰七年十二月二十一日（1858年2月4日），内阁奉谕旨，各省学政考试出题须句读分明，断不可如俞樾之上下割裂文义难通。

收复邓川 云南回乱，各路回众，攻城略地。咸丰七年（1857）六月，邓川州城失守。

1858	咸丰八年		正月二十二日，贵州苗乱，**麻哈州城失守**。
1858	咸丰八年		正月二十七日，内阁奉谕旨，**八旗兵饷**搭放铁制钱一成。
1858	咸丰八年		二月初七日，照覆英法美三使回粤**谈判**，俄使回黑龙江谈判。
1858	咸丰八年		二月初八日，命黑龙江将军**拒俄要求**。

十二月二十九日（1858年2月12日），收复邓川州城。

编查海船 直隶天津、宁河二县商渔船只每届冬令，由天津道编号取结，预防偷漏夹带。因奉行不力，以多报少，以大报小，积弊丛生。咸丰七年十二月二十九日（1858年2月12日），内阁奉谕旨，直隶总督即饬天津道实力稽查，按船编号，详细丈量。

麻哈州城失守 咸丰七年（1857）十一月，贵州苗乱，滋扰麻哈州高枧地方，古州镇总兵巴扬阿督兵进剿。咸丰八年正月十五日（1858年2月28日），苗众由高枧一带猛扑麻哈州城。正月二十二日（1858年3月7日），突有民练开城，以致麻哈州城失守，提督佟攀梅、署麻哈知州何铤同时被害。

八旗兵饷 八旗兵饷本系搭放铁制钱二成，因物价昂贵，兵丁生计维艰。咸丰八年正月二十七日（1858年3月12日），内阁奉谕旨，自三月起至五月止，每月搭放铁制钱一成，以示体恤。

谈判 咸丰八年二月初七日（1858年3月21日），两江总督何桂清等照覆英法美三使回广东，与钦差大臣两广总督黄宗汉谈判，俄使回黑龙江谈判。

拒俄要求 咸丰八年二月初八日（1858年3月22日），命黑龙江将军奕山拒绝俄国以黑龙江及乌苏里江为中俄国界之要求。

1858—1858

1858	咸丰八年	二月十二日，**英美专使**到上海。
1858	咸丰八年	二月十四日，官军**克复江宁秣陵关**。
1858	咸丰八年	二月十七日，紫禁城顺贞门内不戒于火。
1858	咸丰八年	二月二十九日，官军**克复江苏江浦**县城。

英美专使 据两江总督何桂清等奏，英国专使额尔金、美国专使华若翰（John Eliot Ward, 1814—1902）等于咸丰八年二月十二日（1858年3月26日）到上海，欲俟法国专使一到即赴天津。截至二月十四日（1858年3月28日），共到英、美、俄三国兵船、火轮船九艘。自二月二十二日至二十四日（1858年3月26日至28日），各国专使陆续驶赴天津，共有兵船、火轮船十艘。二月三十日（1858年4月13日），俄使普提雅廷火轮船抵拦江沙七庹水以外投递公文。

克复江宁秣陵关 太平军占据江宁秣陵关，恃险据守。咸丰八年二月十四日（1858年3月28日），总兵李若珠等派兵潜赴秣陵关北葛塘寺等处分路埋伏，派副将刘季三攻东关，游击马得昭攻北关，游击刘成元攻西、南两关，兵勇同时进逼。是日夜亥刻克复秣陵关。

顺贞门内不戒于火 咸丰八年二月十七日（1858年3月31日），紫禁城顺贞门内不戒于火，经王大臣等督率官员兵弁扑救，内含激桶兵一百五十四名，步营兵丁三百三十三名。

克复江苏江浦 江苏江浦县属江宁府，与金陵隔江相望，太平军屯粮固守。咸丰八年二月二十九日（1858年4月12日），钦差大臣

		1858—1858
1858	咸丰八年	三月初五日,紫禁城景运门内五间房不戒于火。
1858	咸丰八年	三月初五日,以纂修玉牒告成,诏从优鼓励。
1858	咸丰八年	三月初六日,湘军克复江西崇仁县城。
1858	咸丰八年	三月十二日,俄使普提雅廷与崇纶等会于大沽。

德兴阿亲督总兵安勇等四面环攻江浦县城,枪毙洪秀全之侄洪仁昌,并阵斩太平军国宗等多名,克复江浦县城。

景运门内五间房不戒于火 咸丰八年三月初五日(1858年4月18日),紫禁城景运门内五间房不戒于火,经进班大臣景崇等督率官员兵弁扑救止熄,其中激桶达一名,激桶兵五十一名。

玉牒告成 皇族谱系称为玉牒,每十年纂修一次。玉牒所记,以帝系为统,以长幼为序。咸丰八年三月初五日(1858年4月18日),以纂修玉牒告成,卷帙繁多,在馆人员,著从优鼓励。

克复江西崇仁 湘军援剿江西,屡获大胜。咸丰八年正月二十九日(1858年3月14日),湘军道员萧启江、知府刘坤一收复江西新淦县城。三月初六日(1858年4月19日),收复崇仁县城。道员张运兰、知府王开化于二月十五日(1858年3月29日)克复乐安县城后分道前进,三月初四日(1858年4月17日),张运兰一军收复宜黄县城。三月初六日(1858年4月19日),王开化等收复南丰县城。

普提雅廷与崇纶等会于大沽 咸丰八年三月十二日(1858年4月25日),俄使普提雅廷与仓场侍郎崇纶、内阁学士乌尔棍泰等会于大沽,查明伊犁、黑龙江边界,

1858—1858

1858	咸丰八年	三月二十八日，**太平军攻陷安徽滁州**城池。
1858	咸丰八年	四月初五日，**清廷拒绝英法要求**。
1858	咸丰八年	四月初七日，官军**克复江西九江**府城。
1858	咸丰八年	四月初九日，命**僧格林沁赴通州**防堵。
1858	咸丰八年	四月十一日，福建官军**克复光泽**县城。

允海口通商等事。

太平军攻陷安徽滁州 咸丰八年三月二十八日（1858年5月11日），太平军李秀成攻占安徽滁州城池。同年四月初一日（1858年5月13日），占领来安县城。四月初七日（1858年5月19日），帮办江北军务侍郎翁同书饬副都统穆克登额等带队进剿。初八日（1858年5月20日），分三路直扑来安县城根。初九日（1858年5月21日），翁同书督队乘胜进攻，克复来安县城，李秀成退回滁州。

清廷拒绝英法要求 咸丰八年四月初五日（1858年5月17日），颁谕拒绝英法赔款、增开口岸、派使进京、内地传教游历等项要求。四月初六日（1858年5月18日），英法专使决以武力占领大沽炮台。

克复江西九江 太平军贞天侯林启荣占据江西九江府城长达四年之久。咸丰八年（1858）二、三月间，浙江布政使李续宾等督勇开挖地道，昼夜攻击，轰塌城垣数次。同年四月初六日（1858年5月18日），水陆各军分攻北门，用火轰塌城垣一百余丈。太平军贞天侯林启荣、元戎李兴隆等一万六七千人战殁。四月初七日（1858年5月19日），克复九江府城。

僧格林沁赴通州 咸丰八年四月初九日（1858年5月21日），以大沽炮台被英法占领，命科尔沁亲

1858	咸丰八年	四月十三日，官军**克复安徽六安**州城。
1858	咸丰八年	四月十八日，绅士捐输巨款，**上海加广学额**。
1858	咸丰八年	四月十八日，官军击败会党，**克复广西梧州**府城。
1858	咸丰八年	四月二十日，湘军**克复江西抚州**府城。

王僧格林沁赴通州防堵，并命沿海各省设防。

克复光泽 咸丰八年三月二十七日（1858年5月10日），护理参将顾飞熊等督带兵勇进薄福建光泽县城。四月十一日（1858年5月23日），副将贾开泰等督率兵勇攻城，克复光泽县城。

克复安徽六安 捻匪踞守安徽六安州城，咸丰八年四月十一日（1858年5月23日），侍卫穆腾阿等各率马步兵勇分路进剿。四月十二日（1858年5月24日）夜间，参将赛沙布等绕抵六安城外，一齐冲扑，克复六安州城，捻首张洛行北走正阳关。

上海加广学额 郎中衔绅士郁松年捐输江苏上海县善后经费银二十万两，急公好义。咸丰八年四月十八日（1858年5月30日），内阁奉谕旨，著将松江府文武学额永远各加十名。上海县文童学额永加十名，武童学额永加九名，郁松年赏加盐运使衔。

克复广西梧州 广西梧州府城为三合会攻陷后，广东提督昆寿督带师船陆勇溯流迎剿。咸丰八年四月十一（1858年5月23日）等日，水陆各军由封川前进。四月十八日（1858年5月30日）寅刻，克复梧州府城。

克复江西抚州 太平军固守江西抚州府城，官军屡攻不克。咸丰八年（1858）四月间，知府刘

1858—1858

1858	咸丰八年	四月二十四日,官军**收复江西建昌**府城。
1858	咸丰八年	四月二十八日,广西官军击败三合会,**收复宾州州城**。
1858	咸丰八年	五月初一日,**英使威迫钦差大臣应允条件**。

坤一、道员萧启江等各率水陆兵勇攻剿。四月十七日(1858年5月29日),萧启江约同参将文瑞四面围攻抚州府城。四月二十日(1858年6月1日),城内招降内应黄扬密禀献城,水陆各军相继登城,收复抚州府城。

收复江西建昌 咸丰八年四月二十三日(1858年5月25日),候补知县黄振成击败太平军,克复江西东乡县城。四月二十四日(1858年5月26日),即选道张运兰督兵收复江西建昌府城,太平军弃城走。

收复宾州 咸丰七年(1857)六月间,广西三合会攻陷宾州州城。咸丰八年四月二十八日(1858年6月9日),宾州代理知州何兆葵等调集各处团练,会同营委各员分路进剿,生擒三合会首领谢秉彝、军师朱承孔等人,收复宾州州城。

英使威迫钦差大臣应允条件 咸丰八年四月二十八日(1858年6月9日),颁给桂良、花沙纳钦差大臣关防。四月二十九日(1858年6月10日),英国通事李泰国威迫桂良、花沙纳立即应允一切条件。是日,颁给耆英钦差大臣关防。五月初一日(1858年6月11日),英使威妥玛(Sir Thomas Francis Wade,1818—1895)等面斥耆英,恫吓桂良,本日如不覆允长江通商,内地游历,即带兵入京。

克复湖北黄安 太平军占领湖北

		1858-1858
1858	咸丰八年	五月初二日,官军**克复湖北黄安**县城。
1858	咸丰八年	五月初三日,《中俄**天津条约**》签字。
1858	咸丰八年	五月初五日,**黑旗捻**攻陷安徽凤阳府县城垣。
1858	咸丰八年	五月初十日,安徽官军**再克东流**县城。

麻城后,分兵攻陷黄安县城。咸丰八年四月二十八日(1858年6月9日),布政使李续宾督兵进攻黄安北门。五月初一日(1858年6月11日),官军四面环攻,太平军丞相、先锋、检点等数十名阵亡,太平军乘夜从北门退走。五月初二日(1858年6月12日),官军克复黄安县城。

天津条约 咸丰八年五月初三日(1858年6月13日),《中俄天津条约》签字,允俄国享受最惠国待遇,海路通商,戡定两国边界。五月初八日(1858年6月18日),《中美天津条约》签字,允美国享受最惠国待遇,公使到京暂驻。五月十六日(1858年6月26日),《中英天津条约》签字,允英国派使驻京,增开牛庄、登州、台湾、潮州、琼州五口及长江三口,内地游历通商,改订税则,领事裁判权,赔款四百万两,一年内于北京换约。五月十七日(1858年6月27日),《中法天津条约》签字,允天主教入内地传教,赔款二百万两,其余各款与英约相同。

黑旗捻 捻党分为黄、白、红、黑、蓝等旗色,每旗各有首领。咸丰八年五月初三日(1858年6月13日),安徽黑旗捻由十里程分股攻陷临淮,并分攻凤阳县城,团练不敌。五月初五日(1858年6月15日),凤阳府县两城同日失陷。

再克东流 官军克复安徽东流县

1858-1858

1858	咸丰八年	五月十四日,官军克复广西柳州府城。
1858	咸丰八年	五月十六日,内阁奉谕旨,命翁心存充上书房总师傅。
1858	咸丰八年	五月二十一日,广西官军克复融县城池。
1858	咸丰八年	五月二十八日,浙江官军收复寿昌县城。
1858	咸丰八年	六月初八日,浙江官军克复武义县城。

城后,因陆路无兵防御,东流县城又被太平军攻陷。咸丰八年五月初十日(1858年6月20日),湘军提督杨载福统带炮船收复东流县城。

克复广西柳州 广西会党占据柳州府城,广西署按察使蒋益澧督勇进剿。咸丰八年五月初七日(1858年6月17日),蒋益澧督同知县王政令克复广西雒容县城。五月十四日(1858年6月24日),克复柳州府城,会党走贵州。

上书房 上书房为清朝教习皇子、皇孙读书处,例选翰林官分侍讲读,择大臣二至三人为总师傅。咸丰八年五月十六日(1858年6月26日),内阁奉谕旨,命翁心存充上书房总师傅。同日,命柏葰充国史馆正总裁。

克复融县 咸丰八年五月二十日(1858年6月30日),广西署臬司蒋益澧派令知府潘家馥与副将胡显高等督勇进剿。五月二十一日(1858年7月1日),各勇乘势克复融县城池。

收复寿昌 咸丰八年五月二十八日(1858年7月8日),浙江官军总兵李定太自遂安进逼寿昌县城东门,兵勇分路夹击,克复寿昌县城。

克复武义 咸丰八年六月初七日(1858年7月17日),总兵周天

1858	咸丰八年	六月初八日，广西官军击退天地会**收复北流**县城。
1858	咸丰八年	六月十二日，官军**收复安徽建德**县城。
1858	咸丰八年	六月十六日，官军**克复浙江处州**府城。
1858	咸丰八年	六月二十九日，福建官军**克复松溪**县城。

培亲督各路官兵直逼浙江武义县城根。太平军由东门退出，走永康。六月初八日（1858年7月18日）子时，官军克复武义县城。同日午时，副将陈开选克复永康县城。六月初十日（1858年7月20日），乘胜收复缙云县城；同日，周天培克复宣平县城。

收复北流 咸丰七年（1857）二月间，广西天地会攻陷北流县城。咸丰八年五月初一（1858年6月11日）等日，署郁林州知州邹德淳督同代理知县江汝霖率领兵勇进剿天地会。六月初八日（1858年7月18日），合围攻城，克复北流县城。

收复安徽建德 咸丰八年六月十一日（1858年7月21日），湘军提督杨载福统带水师驶过安庆，进攻枞阳。六月十二日（1858年7月22日），杨载福亲督水陆官兵围攻安徽建德县城，太平军乘夜出城，官兵收复建德县城。

克复浙江处州 咸丰八年六月初九日（1858年7月19日），副将陈开选克复浙江缙云县城。六月初十日（1858年7月20日），总兵周天培克复宣平县城。官军乘胜直逼处州府城，六月十五日（1858年7月25日）夜间，官军会合夹击。十六日（1858年7月26日），克复处州府城。

1858	咸丰八年	七月初四日，喀什噶尔领队大臣改为**办事大臣**。
1858	咸丰八年	七月初六日，**湘军克复广西庆远**府城。
1858	咸丰八年	七月初六日，福建官军**克复宁化**县城。
1858	咸丰八年	七月二十一日，援闽官军**克复浦城**县城。

克复松溪 福建松溪县属建宁府，在浦城县南，县城滨松溪上源。咸丰八年六月二十八日（1858年8月7日），候选知府陈维汉激励兵勇进攻松溪。六月二十九日（1858年8月8日），克复松溪县城。政和县亦属建宁府，在建瓯县东北，位于松溪支流北岸。六月二十六、七（1858年8月5、6日）等日，游击袁艮、政和县知县杨国荣督率兵勇进剿政和县太平军。七月初一日（1858年8月9日），克复政和县城。

办事大臣 喀什噶尔地处极边，自参赞大臣移扎叶尔羌后，喀什噶尔领队大臣例不能专发奏报。咸丰八年七月初四日（1858年8月12日），内阁奉谕旨，喀什噶尔领队大臣著改为办事大臣，所有本城应咨事件，仍与帮办领队大臣之换防总兵联衔咨呈参赞大臣查核，遇有边警，准其专折驰奏。

湘军克复广西庆远 咸丰七年（1857）九月间，广西庆远府城被太平军攻陷。咸丰八年六月初八日（1858年7月18日），署右江道张凯嵩、署臬司蒋益澧等督率湘勇合力攻剿。六月十一日（1858年7月21日），生擒都督张彪、知府梁胜、军师萧兆隆、先锋林三周等人。七月初六日（1858年8月14日），生擒将军胡汝安等人，收复庆远府城。

克复宁化 福建宁化县城被太平军占据后，代理汀州知府雷瑞

1858—1858

1858	咸丰八年	七月二十九日，官军**克复福建崇安**县城。
1858	咸丰八年	八月初八日，官军**收复福建建阳**县城。
1858	咸丰八年	八月初十日，官军剿捻获胜，**收复江苏丰县**县城。
1858	咸丰八年	八月十五日，湘军**克复江西吉安**府城。

光等分三路进剿，太平军婴城固守，代理宁化县知县刘润田挑选壮勇前往援应。咸丰八年七月初六日（1858年8月14日），官军克复宁化县城。

援闽官军克复浦城 太平军占据福建浦城后，总兵周天培带兵自浙江龙泉赴援，乘胜进攻浦城。咸丰八年七月二十一日（1858年8月29日），克复浦城县城。

克复福建崇安 咸丰八年六月初一日（1858年7月11日），太平军翼王石达开攻陷福建崇安县城。七月二十九日（1858年9月6日），署建宁镇标游击王兴棠等督带兵勇进攻县城。是夜五更，石达开弃城走，兵勇进城，收复崇安县城。

收复福建建阳 咸丰八年八月初五日（1858年9月11日），总兵周天培等亲督副将郭启举等肃清水吉南北太平军，生擒鲍姓指挥。八月初八日（1858年9月14日），联勇攻入建阳县城，知府匡开益带勇继进，克复建阳县城。

收复江苏丰县 咸丰八年（1858）八月初，太仆寺卿袁甲三派都司张正光驰往江苏丰县策应剿捻。八月初九日（1858年9月15日），丰县知县陈敦诰调集西北各乡团练到齐。八月初十日（1858年9月16日），捻众仓皇出城，兵练乘势克复丰县城池。

克复江西吉安 太平军固守江西吉安府城，官军久攻不克。咸丰八年七月二十一日（1858年8月

1858	咸丰八年	八月十六日,官军**克复安徽太湖县城**。
1858	咸丰八年	八月十七日,山东官军击退捻匪,**克复曹县城池**。
1858	咸丰八年	九月初五日,东陵虫王庙改名**五神祠**。
1858	咸丰八年	九月初七日,官军**收复安徽桐城**县城。

29日),湘军同知曾国荃等四面环攻。八月初十日(1858年9月16日),道员赵焕联等会攻北门。八月十五日(1858年9月21日)夜,克复吉安府城。

克复安徽太湖县城 安徽太湖县城,溪山险阻,太平军据为要害。咸丰八年八月十五日(1858年9月21日),江宁将军都兴阿、浙江布政使李续宾分饬副将鲍超、参将谢永祜、副都统多隆阿等分路进攻太湖县城,至二更时,火箭射入城中,燃烧火药,各勇乘势登城,克复太湖县城。

克复曹县 咸丰八年八月初八日(1858年9月14日),白旗捻孙葵心等窜陷山东曹县县城。八月十六日(1858年9月22日),山东官军乘夜间道而进。八月十七日(1858年9月23日)平明,官军行抵西门。曹州府知府童正诗等各带团勇并力抄击,白旗捻开城逃出,官军当将曹县城池收复。

五神祠 东陵向有虫王庙,迭著灵异。咸丰八年九月初五日(1858年10月11日),以东陵风水围墙内树株松虫未净,内阁奉谕旨,将虫王庙改名五神庙,并发去御书匾额。

收复安徽桐城 安徽桐城县,地方险要。太平军占领桐城县城后,官军进剿,数年未克。咸丰八年九月初一日(1858年10月7日),浙江布政使李续宾亲率总兵李续焘、

1858	咸丰八年	九月十五日，官军**克复扬州**府城。
1858	咸丰八年	九月十八日，太平军**攻占江苏六合**县城。
1858	咸丰八年	九月二十四日，官军**克复安徽天长**县城。
1858	咸丰八年	九月二十八日，贵州**苗众攻陷镇远**府城。
1858	咸丰八年	十月初一日，中英**鸦片贸易**正式协议。

副将赵克彰督军进攻桐城。九月初六日（1858年10月12日），官军乘夜进攻各门。九月初七日（1858年10月13日），收复桐城县城。

克复扬州 咸丰八年九月初三日（1858年10月9日），太平军后军主将李秀成占领扬州，总兵鞠殿华等不战而逃。九月十四日（1858年10月20日）夜间，江南军提督张国梁密谕各营兵勇进攻东南两门，游击冯观胜等带领兵勇分路继进。九月十五日（1858年10月21日），克复扬州府城。

攻占江苏六合 江苏六合县城为江北重镇，总兵罗玉斌、候补道温绍原等婴城固守。咸丰八年九月十八日（1858年10月24日），因援师未集，太平军前军主将陈玉成督军攻占六合县城。总兵罗玉斌巷战阵亡，候补道温绍原赴水而死，知县李守诚同时殉难。

克复安徽天长 安徽天长县城久为捻众所踞。咸丰八年九月二十四日（1858年10月30日），钦差大臣胜保督饬将弁由城北分三路直薄天长城下。捻首李昭寿改名李世忠，见官军大至，由城内杀出投诚，前后夹击，克复天长县城。

苗众攻陷镇远 贵州苗乱，攻城略地。咸丰八年九月二十八日（1858年11月3日），苗众攻破隘口，直扑镇远府城，兵练寡不敌众，以致府城失守。

鸦片贸易 咸丰八年九月十三日

1858－1858

1858	咸丰八年	十月初七日，诏禁徽宁等府传习花会。
1858	咸丰八年	十月初七日，官军克复安徽溧水县城。
1858	咸丰八年	十月初八日，诏禁钱市卖空买空。
1858	咸丰八年	十月二十二日，琉球贡使到福州安插馆驿。
1858	咸丰八年	十月二十五日，广东官军克复灵山县城。

（1858年10月19日），英使额尔金函覆美使列卫廉赞同鸦片征税。同年十月初一日（1858年11月6日），中英鸦片贸易正式在上海协议，洋药上税，每百斤税银三十两。

传习花会 皖南徽宁等府盛行花会，棚厂林立，刀矛杂陈，局赌输赢，土豪恶棍，因而渔利，猾吏奸胥，为之隐庇，愚民以致败产倾家，酿成命案。咸丰八年十月初七日（1858年11月12日），内阁奉谕旨，著安徽、浙江等省通饬各府县一体严禁。

克复安徽溧水 皖北太平军分军占领红蓝埠。咸丰八年十月初七日（1858年11月12日），总兵张玉良等分路进攻红蓝埠。是日寅刻乘夜渡河，进取溧水县城，四面环攻，克复县城。

卖空买空 钱市旧规，各持现银现钱，互相交易。据御史富稼奏称，市间多有凭空言买卖，并官号影射买银之弊，以致银价日昂，百物腾贵，小民生计日艰。咸丰八年十月初八日（1858年11月13日），内阁奉谕旨，著顺天府五城出示严禁，如查有空言买卖银钱者，立即严拏惩办。

琉球贡使到福州 琉球国王世子尚泰遣耳目官翁俊、正议大夫阮孝铨赍呈咸丰八年（1858）分进贡表文方物，驾坐海船于咸丰八年十月二十二日（1858年11月27日）到福州馆驿安顿，择于咸

		1858—1859
1858	咸丰八年	十月二十六日，**顺天乡试舞弊**，主考官柏葰等革职。
1858	咸丰八年	十一月初三日，江西官军**克复瑞金**县城。
1859	咸丰八年	十二月初一日，**广州英军进扰三元里**，肆行焚掠。
1859	咸丰九年	正月初一日，**朝鲜使臣行朝贺礼**。

丰九年三月初六日（1859年4月8日），自福州启程进京。

克复灵山 广东灵山县城自咸丰七年（1857）十一月间被土寇袭陷。咸丰八年十月十四日（1858年11月19日），总兵庆寅等调集兵勇四面环攻灵山县城。十月二十五日（1858年11月30日），游击秦凤山等首先入城，克复灵山县城。

顺天乡试舞弊 咸丰八年十月二十六日（1858年12月1日），颁朱谕，本年顺天乡试舞弊，命正考官柏葰先行革职，听候传讯，副考官朱凤标等暂行解任，听候查办。咸丰九年二月十三日（1859年3月17日），柏葰等人奉旨处斩。

克复瑞金 福建太平军攻陷江西瑞金县城后，即围攻安远、信丰等县城。咸丰八年十一月初三日（1858年12月7日），署瑞金县知县章澍等调集团勇收复瑞金县城。

广州英军进扰三元里 咸丰八年十二月初一日（1859年1月4日），广州英军千余名由三元里前进，一路焚烧，轰毙行人，乡民鸣锣对仗。十二月初五日（1859年1月8日），英军复直趋石井，互有杀伤。

朝鲜使臣行朝贺礼 咸丰八年十二月二十九日（1859年2月1日），朝鲜国正使判中枢府事李根友、副使礼曹判书金永爵、书

1859	咸丰九年	正月初二日，诏特开庆榜，**嘉惠士林**。
1859	咸丰九年	正月初四日，诏**河南饬属举办坚壁清野**。
1859	咸丰九年	正月初五日，以考试国子监**满洲助教无卷可取**，命吏部另行咨取。
1859	咸丰九年	正月初十日，福建官军**克复连城**县城。
1859	咸丰九年	正月二十三日，官军**收复福建龙岩**州城。

状官司宪府兼掌令金直渊等三人入觐请安。咸丰九年正月初一日（1859年2月3日），于太和殿行元旦庆贺礼。正月十三日（1859年2月15日），内阁奉谕旨，朝鲜国所进谢恩贡物留抵下次正贡。

嘉惠士林 以咸丰十年（1860）清文宗届三旬万寿庆辰，为嘉惠士林，于咸丰九年正月初二日（1859年2月4日），内阁奉谕旨，是年八月，特开庆榜，举行恩科乡试，明年三月举行恩科会试，以副简拔人才至意。

河南饬属举办坚壁清野 咸丰初年军兴以来，朝廷屡饬各直省督抚劝谕团练兴筑寨堡。因皖捻逼近河南，河南巡抚恒福奏请举办坚壁清野之法。咸丰九年正月初四日（1859年2月6日），内阁奉谕旨，恒福所办甚合机宜，著照所请，遴派道府分投兴办。

满洲助教无卷可取 以考试国子监满洲助教各试卷或文理纰缪，或清汉字画未能端楷，经肃顺等校阅，无卷可取。咸丰九年正月初五日（1859年2月7日），命吏部另行咨取合例人员，奏请派员考试。

克复连城 太平军占领福建连城县城后，清军屡攻不克。咸丰九年正月初九日（1859年2月11

1859—1859

1859	咸丰九年	正月二十六日，**江浦县城守将献城投降**。
1859	咸丰九年	二月初一日，官军**攻克安徽婺源**县城。
1859	咸丰九年	二月初二日，广东官军**克复大埔**县城。
1859	咸丰九年	二月初二日，**广东官军越境会剿**，进攻南安府城。

日），参将袁艮等督队进攻。正月初十日（1859年2月12日），官军分投进剿，太平军弃连城南趋，官军收复连城县城。

收复福建龙岩 太平军国宗石镇吉等占领福建龙岩州城后，已革汀漳龙道英朴奉命进剿。咸丰九年正月二十三日（1859年2月25日），都司赖正修等乘夜分三路进剿，石镇吉等弃城走粤边，官军收复龙岩州城。

江浦县城守将献城投降 江苏江浦县城，与南京隔江相望。咸丰九年正月二十六日（1859年2月28日），江浦县城太平军守将捻首薛之元献城降于参将李世忠。正月二十七日（1859年3月1日），李世忠、薛之元攻克浦口城池。

攻克安徽婺源 咸丰八年（1858）八月间，太平军攻占安徽婺源县城后，官军屡攻不克。咸丰九年正月二十八日（1859年3月2日），太平军将领张淙相乞降，署皖南镇总兵江长贵、衢州镇总兵李定太会合，二月初一日（1859年3月5日），进逼县城，鏖战七时之久，遂收复婺源县城。

克复大埔 咸丰九年（1859）正月间，福建连城太平军败走广东大埔县城，经知县缪中孚招集练勇连日进攻，二月初二日（1859年3月6日），克复大埔县城。

1859	咸丰九年	二月初三日，官军收复江西南安府城。
1859	咸丰九年	二月二十五日，清廷允英法在北京换约。
1859	咸丰九年	三月初二日，广东官军克复嘉应州城。
1859	咸丰九年	三月初五日，理藩院行文俄罗斯，请查禁吉林三姓俄人生事。
1859	咸丰九年	三月十二日，琉球海难船漂收浙江象山县石

广东官军越境会剿 咸丰八年（1858）十一月间，太平军由江西南安府走入广东南雄州界，署总兵勒福等督兵进剿，连获胜仗。咸丰九年二月初二日（1859年3月6日），攻克梅关。是夜，越境与江楚各军会合进攻江西南安府城。

收复江西南安 太平军翼王石达开占领江西南安府城后，湘军即选道萧启江协同管带练勇之知县周庆榕会攻府城。咸丰九年二月初三日（1859年3月7日），石达开军自南安府分两路西入湖南，官军收复南安府城。

北京换约 咸丰九年二月二十五日（1859年3月29日），清廷允英法在北京换约，但随从人数以十名为限，换毕即去，不许在京久驻。

克复嘉应 咸丰九年二月初二日（1859年3月6日），太平军国宗石镇吉等以地雷轰陷广东嘉应州城，经候补都司卓兴与署嘉应州知州文晟之子文星瑞督带兵勇进剿。三月初二日（1859年4月4日），官军克复嘉应州城。

吉林三姓俄人生事 咸丰九年三月初五日（1859年4月7日），理藩院为俄罗斯人在吉林三姓地方任意侵占，添建房屋，牧放牛马，滋扰生事，行知俄国萨那特

		浦洋面。
1859	咸丰九年	三月十九日，**安徽兵练克复六安**州城。
1859	咸丰九年	四月十三日，平安峪**万年吉地**开工。
1859	咸丰九年	四月十四日，官军**克复云南富民**县城。
1859	咸丰九年	四月二十五日，英使照会**赴京交聘**。

衙门查明办理。

琉球海难船漂收浙江 咸丰九年三月初三日（1859年4月5日），琉球人嘉手川等七人在那霸港开船，初四日（1859年4月6日），在洋遇飓风吹损船身。十二日（1859年4月14日），漂至浙江象山县辖石浦洋面抛泊。十三日（1859年4月15日），遇巡洋舟师救获抚恤。

安徽兵练克复六安 咸丰九年三月十五日（1859年4月17日），六安直隶州已革知州茅念劬督率霍邱县练总守备赵春和直薄六安州城下，分东西北三面扎营。三月十九日（1859年4月21日），官军大举进攻，收复六安州城。

万年吉地 原任直隶按察使陆应谷深通勘舆之学，奉召周历履勘，选定平安峪吉地，于咸丰九年四月十三日（1859年5月15日），正式开工。

克复云南富民 云南回乱，戕官据城，富民、宜良等县城先后失守。副将福兆等督率兵练进剿。咸丰九年四月十四日（1859年5月16日），富民县城内良回海澄等内应，兵练克复富民县城。五月二十八日（1859年6月28日），都司丁奉章等督率兵练克复宜良县城。

赴京交聘 咸丰九年四月二十五

1859–1859

1859	咸丰九年	五月初一日，俄使木里斐岳幅率船至瑷珲。
1859	咸丰九年	五月十四日，臣工列传书成，在馆各员分别奖叙。
1859	咸丰九年	五月二十二日，诏准土尔扈特延接喇嘛教习经典。
1859	咸丰九年	五月二十四日，英国换约使卜鲁斯到津闯入鸡心滩。

日（1859年5月27日），总署大臣大学士桂良等接获英使卜鲁斯照会赴京交聘，不日乘舟径赴天津，预备夫役舟车，以便入京。桂良覆以须至上海商议。

木里斐岳幅率船至瑷珲 俄罗斯专使木里斐岳幅为西伯利亚东部总督。咸丰九年五月初一日（1859年6月1日），木里斐岳幅经过黑龙江城瑷珲时称欲赴乌苏里绥芬等候会勘地界。

臣工列传书成 国史馆臣工列传自嘉庆元年（1796）至道光十五年（1835），均复加编纂查改，分别缮写清汉正本，择日送藏皇史宬，并重缮汉字正本一份存馆备查。咸丰九年五月十四日（1859年6月14日），以臣工列传全书完竣，数在五百卷以上，所有在馆各员著分别奖叙。

土尔扈特延接喇嘛教习经典 乾隆年间，土尔扈特返回新疆后，于喀喇沙尔游牧。土尔扈特罕喀屯鄂斯库吉尔噶勒因其孙年幼孤单，禀请延接喇嘛教经延寿。咸丰九年五月二十二日（1859年6月22日），内阁奉谕旨，著照所请，命已革诺们罕阿旺札木巴勒楚勒齐木前赴土尔扈特教习经典。

1859	咸丰九年	五月二十五日，英国军舰进攻大沽，**竖立红旗**。
1859	咸丰九年	五月二十八日，云南兵练**收复宜良**县城。
1859	咸丰九年	五月二十九日，俄人**彻卜勒幅图奸民妇被殴身死**。
1859	咸丰九年	五月二十九日，**荷兰轮船赴琉球**。

卜鲁斯到津闯入鸡心滩 咸丰九年（1859）五月，英国换约使卜鲁斯到天津，不遵原约，欲闯大沽口内，毁清军防具。五月二十四日（1859年6月24日），英国军舰闯入大沽口，驶进鸡心滩，用炸炮轰断铁链。

竖立红旗 咸丰九年五月二十五日（1859年6月25日），英国军舰十余艘，拉倒铁戗十余架，皆竖红旗，志在决战，被僧格林沁击退。

收复宜良 云南乱回，抗拒官兵，占据宜良县城。咸丰九年五月二十八日（1859年6月28日），候选县丞岑毓英、都司丁奉章等进攻宜良县城，回众不支，开门逃窜，官军收复宜良县城。

彻卜勒幅图奸民妇被殴身死 咸丰九年五月十五日（1859年6月15日），俄罗斯人彻卜勒幅等由黑河口驶抵三姓。五月二十九日（1859年6月29日）夜，彻卜勒幅图奸民妇王高氏，被民人刘有殴伤殒命。

荷兰轮船赴琉球 琉球中山王世子咨称，咸丰九年五月二十九日（1859年6月29日），荷兰全权公使等一百二十人乘坐火轮船一只抵达琉球。六月初一日（1859年6

1859–1859

1859	咸丰九年	六月初二日，官军**克复安徽盱眙**县治。
1859	咸丰九年	六月初八日，琉球正副使俱令进**同乐园听戏**。
1859	咸丰九年	六月初九日，美使**华若翰与恒福会于北塘**。
1859	咸丰九年	六月十五日，湘军**攻克江西浮梁**县城。
1859	咸丰九年	六月十七日，广东官军**克复广西怀集**县城。

月30日），荷兰公使与琉球委员在公廨相会，议及通商贸易、海难救助等项。

克复安徽盱眙 咸丰九年五月二十八日（1859年6月28日），钦差大臣胜保派营总乌勒兴阿、副都统富勒德恩布等分路进攻盱眙。六月初二日（1859年7月1日）夜间，各路官军齐逼盱眙，克复县治。

同乐园听戏 咸丰九年六月初七日（1859年6月6日），奉朱批，六月初八、初九（1859年6月7、8日）两日，琉球正使耳目官翁俊、副使正议大夫阮孝铨二人俱令进同乐园听戏，并加赏正副使、都通事茶叶、茶膏、瓷盘、瓷碟等物件。

华若翰与恒福会于北塘 咸丰九年六月初九日（1859年7月8日），美利坚国使臣华若翰与直隶总督恒福会于北塘，欲进京换约。恒福答以须俟桂良等人到后方能互换和约。

攻克江西浮梁 江西景德镇久为太平军占据。咸丰九年六月初二日（1859年7月1日），湘军道员张运兰等昼夜炮轰太平军。六月十四日（1859年7月13日）夜，太平军中军主将杨辅清乘黑暗退出景德镇，潜入浮梁县城。湘军知府曾国荃与道员张运兰等督兵分路进攻浮梁。六月十五日（1859年7月14日），中军主将杨辅清走皖南祁门，湘军克复浮

1859	咸丰九年	六月十九日，谕将军奕山等拦阻俄人强赴**兴凯湖**查看地界。
1859	咸丰九年	六月十九日，俄罗斯人等赴**三姓**贸易。
1859	咸丰九年	六月三十日，**晓谕俄人**不准到三姓贸易。
1859	咸丰九年	七月初一日，诏**禁旗人演唱票戏**。

梁县城。

克复广西怀集 广西怀集县与广东开建县毗连，怀集以狮子嘴为门户，开建以狼寨为屏蔽。咸丰七年（1857）七月间，怀集县城为太平军攻占，十一月间，开建县城相继失守。咸丰九年（1859）六月，广宁县知县沙翊清等攻破狮子嘴。六月十七日（1859年7月16日），克复怀集县城。六月十三日（1859年7月12日），肇庆府知府刘式恕等攻拔狼岭。六月十九日（1859年7月18日），克复开建县城。

兴凯湖 兴凯湖在合江省密山县东南，因俄人强赴兴凯湖查看地界及在乌苏里江建房垦地，咸丰九年六月十九日（1859年7月18日），军机大臣遵旨寄信黑龙江将军奕山、吉林将军景淳等设法拒阻。

三姓 三姓，满语读如"依兰哈拉"（ilan hala），为建州女真本土。明初移治开原。康熙五十四年（1715），建城。咸丰九年六月十九日（1859年7月18日），俄罗斯商人瓦尔佛罗米幅带领通事人等七名乘船两只出黑龙江口，闯赴三姓等处贸易，不听拦阻。

晓谕俄人 咸丰九年六月三十日（1859年7月29日），命黑龙江将军奕山等晓谕俄人，乌苏里江、绥芬河等处不准俄国人船游驶，三姓地方不准俄人贸易，黑龙江

1859—1859

1859	咸丰九年	七月十一日，**美使入京**呈递国书准其在北塘海口换约。
1859	咸丰九年	七月二十八日，八旗兵丁加恩再**加放实银**二成。
1859	咸丰九年	七月二十八日，诏**禁打造铜器**。
1859	咸丰九年	七月，云南官军**克复嵩明**州城。

左岸系借与栖身之地，不得再行添盖房屋。

禁旗人演唱票戏 御史福宽访闻有翻书房笔帖式袁复堂、养育兵恒秀峰等曾经演唱票戏。咸丰九年七月初一日（1859年7月30日），内阁奉谕旨，命五城御史查明具奏。七月初七日（1859年8月5日），巡视五城御史常通等查明演唱票戏旗人袁复堂等十六员，命步军统领衙门按照单开住址查传讯明具奏。

美使入京 以美国使臣华若翰依约驶至北塘海口，咸丰九年七月十一日（1859年8月9日），内阁奉谕旨，准令华若翰进京，呈递国书，即在北塘海口换约，互换之后，永远和好通商。

加放实银 因京师米粮腾贵，兵食维艰，曾降旨将八旗及巡捕各营兵饷每月搭放实银三成。咸丰九年七月二十八日（1859年8月26日），内阁奉谕旨，自咸丰九年八月为始加恩再加放实银二成，共搭放实银五成，以纾兵困。

禁打造铜器 惠亲王等以铜斤日形短绌，奏请设法采买铜斤，并申明旧章，严禁铜器。咸丰九年七月二十八日（1859年8月26日），内阁奉谕旨，所有各项铜器除乐器及古铜彝鼎等物不计外，其余各样铜器凡在一斤以上者概行禁止。

克复嵩明 云南嵩明州回民孙汉

1859	咸丰九年	八月初五日，云南官军**攻克楚雄哨地**。
1859	咸丰九年	八月十五日，太平军英王**陈玉成部占领安徽霍山**县城。
1859	咸丰九年	八月二十八日，楚军援皖，**攻克石牌**镇城。
1859	咸丰九年	九月十一日，安徽**亳州捻攻占河南宁陵**县城。

鼎等占据州城，招集回众，肆行焚掠。咸丰九年（1859）五月，都司何自清带领兵练剿办。同年七月间，嵩明州知州春庆约会城内汉民为内应，纵火开城，克复嵩明州城。

攻克楚雄哨地 云南迤西回民起事，姚州回首马定国等潜入楚雄镇南境，勾结哨地彝人滋事。楚雄县知县积寿等管带兵练，会合乡团，前往剿办。咸丰九年八月初五日（1859年9月1日），将回营全行攻毁，楚雄哨地一律肃清。

陈玉成部占领安徽霍山 咸丰九年八月十三（1859年9月9日）等日，太平军英王陈玉成所部由六安东走。八月十五日（1859年9月11日），围攻安徽霍山县城，因城圮兵单，遂被攻陷。

攻克石牌 安徽石牌镇地方，太平军修造坚城，计划久守，欲与太湖城内太平军互相援应。咸丰九年八月二十八日（1859年9月24日），援皖楚军副都统多隆阿督率马步兵勇驰抵石牌，施放喷筒火箭，攻克石牌镇城，生擒广西太平军老头目霍天燕、石廷玉等人。

亳州捻攻占河南宁陵 咸丰九年九月十一日（1859年10月6日），安徽亳州捻首孙葵心窜扰河南。是日乘夜攻占宁陵县城，知县龙德照死之。九月十二日（1859年10月7日）辰刻，归德府知府孙

1859—1859

1859	咸丰九年	九月二十日，**太平军攻占广西庆远**府城。
1859	咸丰九年	九月二十三日，安徽**捐输总局**奏准移设寿州。
1859	咸丰九年	九月二十五日，委员会**晤俄使于黑河口**。
1859	咸丰九年	九月二十九日，试办**粤海关税**。
1859	咸丰九年	九月三十日，官军**克复安徽霍山**县城。

鸣珂督兵收复宁陵县城。

太平军攻占广西庆远 咸丰九年（1859）九月，太平军翼王石达开扑扰广西省城后攻打庆远府城。九月二十日（1859年10月15日），署知府荣林等分头抵抗，因敌众兵单，庆远府城失守。

捐输总局 安徽设立捐输总局，以粮台饷票发给兵勇，转售捐生，著有成效。后因捐局移至广德州，相距甚远，捐生交兑维艰，兵勇饷票不能畅销。安徽巡抚翁同书奏请设法变通。咸丰九年九月二十三日（1859年10月18日），内阁奉谕旨，著照所请，即将捐输总局移设寿州。

晤俄使于黑河口 黑河口在黑龙江瑷珲北，咸丰九年九月二十五日（1859年10月20日），督办夷务署副都统富尼扬阿、委员协领倭克锦会晤俄使木里斐岳幅于黑河口，告以吉林乌苏里、绥芬等处，并不与俄国连界，无所用其查勘，命将人船收回。

粤海关税 咸丰九年九月二十九日（1859年10月24日），两广总督劳崇光委令英人总税务司李泰国（Horatio Nelson Lay, 1832—1898）按照上海章程试办粤海关税，由赫德（Sir Robert Hart, 1835—1911）任税务司。

克复安徽霍山 太平军占领安徽霍山县城后，分兵屯据毛坦厂地方。副都统麟瑞、副将卢又熊等

1859	咸丰九年	十月初三日,**达赖喇嘛坐床**,颁给敕书。
1859	咸丰九年	十月初九日,中美议准潮州、**台湾开市**。
1859	咸丰九年	十月初十日,**澎湖大风**,咸水如雨,杂粮损坏。
1859	咸丰九年	十月十一日,中俄**海兰泡会谈**。

攻破毛坦厂太平军营垒,进逼霍山县城东北门,都司陈忠砍开城门,各军拥入。咸丰九年九月三十日(1859年10月25日),官军克复霍山县城。

达赖喇嘛坐床 达赖喇嘛呼毕勒罕将于咸丰十年七月初三日(1860年8月19日)坐床,咸丰九年十月初三日(1859年10月28日),内阁奉谕旨,著驻藏办事大臣满庆等前往看视,所有颁给敕书赏赍等件,命理藩院拣派司员两人驰驿赍往。

台湾开市 咸丰九年十月初九日(1859年11月3日),美使华若翰与两江总督何桂清会于昆山,要求先在潮州、台湾开市,照章完纳吨钞,何桂清允之。

澎湖大风 澎湖一厅,孤悬海外,汪洋环绕,仅产杂粮,不种稻谷。咸丰九年(1859)入秋后,台飓时作。十月初十日(1859年11月4日),陡起大风,海中咸水飞洒如雨,土人称为咸雨,昼夜不停。至二十二日(1859年11月16日)始行停止,地瓜小米等项杂粮,均皆萎烂,粮价日增,岛民乏食,生计艰难。

海兰泡会谈 海兰泡,又名黑河,本为旧瑷珲城,位于黑龙江北岸,当精奇里河入江之口。咸丰九年十月十一日(1859年11月5日),黑龙江将军特普钦派副都统爱绅泰到海兰泡会晤俄使木里

1859—1859

1859	咸丰九年	十月十二日，官军**收复四川筠连**县城。
1859	咸丰九年	十月十四日，官军**克复安徽怀远**县城。
1859	咸丰九年	十月二十一日，**贵州土寇攻陷湄潭**县城。
1859	咸丰九年	十一月二十五日，安徽**池州府城失守**。
1859	咸丰九年	十一月二十九日，**俄人入乌苏里**，强占卡伦。

斐岳幅，要求撤回乌苏里、绥芬地方俄人，三姓地方不准再居住。

收复四川筠连 云南土寇李短搭搭等由母猪岩窜入四川，攻城略地。咸丰九年九月初八、十一、十二（1859年10月3、6、7日）等日，筠连、庆符、高县相继失守。十月十二日（1859年11月6日），守备涂太平等带领兵练先后收复筠连、庆符、高县三县城。

克复安徽怀远 安徽怀远太平军因钦差大臣胜保调派水陆各军两路夹击，伤亡惨重，庐州赴援太平军，亦被击败。咸丰九年十月十四日（1859年11月8日），各军直薄怀远城关，游击黄开榜等拔帜先登，克复怀远县城。

贵州土寇攻陷湄潭 贵州湄潭县在思南县西南，咸丰九年十月二十一日（1859年11月15日），思南一带土寇直扑湄潭县城，因官兵寡不敌众，湄潭县城遂致失守。

池州府城失守 安徽池州勇目韦志俊投诚官军后，派其部下头目古隆贤往攻芜湖，古隆贤纠约太平军中军主将杨辅清回扑池州府城。咸丰九年十一月二十五日（1859年12月18日），府城复被攻陷。

俄人入乌苏里 咸丰九年十一月二十二、二十五（1859年12月15、18日）等日，有俄罗斯官员携带刀剑进入乌苏里口内，催逼移卡。十一月二十九日（1859年12月22日），复会同伯力俄罗斯

1860	咸丰九年	十二月十六日，诏准喇嘛呈进贡物。
1860	咸丰十年	正月初一日，**朝鲜使臣行元旦朝贺礼**。
1860	咸丰十年	正月初九日，广西官军**克复柳州**府城。
1860	咸丰十年	正月二十四日，何秋涛呈进书籍，赐名《**朔方备乘**》。

官员率领随从百余人各持火枪刀剑强占卡伦，委员协领禄昌退至距卡伦百里外浓江地方。

喇嘛呈进贡物 达赖喇嘛呼毕勒罕之父公彭错策旺恳请专差巴雅尔堪布呈进丹书克贡物。咸丰九年十二月十六日（1860年1月8日），内阁奉谕旨，准其于达赖喇嘛呼毕勒罕坐床后援照成案由四川进京。

朝鲜使臣行元旦朝贺礼 咸丰十年正月初一日（1860年1月23日）元旦，清文宗御太和殿，朝鲜国正使判中枢府事李坅、副使礼曹判书林永洙等行朝贺礼。初二日（1860年1月24日），紫光阁赐宴，朝鲜国正副使二人入座。正月十八日（1860年2月18日），正大光明殿赐宴，副使林永洙入座。正月二十日（1860年2月11日），山高水长赐茶果，副使林永洙入座。

克复柳州 广西太平军由浔州分股占领柳州府城后，广西布政使刘长佑等督军进剿。咸丰十年正月初九日（1860年1月31日），北城地道火药轰发，城垣坍塌，刘长佑督兵入城，克复柳州府城。正月十一日（1860年2月2日），太平军弃柳城县城，巡检何步青会督壮练收复广西柳城县城。

朔方备乘 刑部候补主事何秋涛呈进所纂书籍八十卷，书中于制度沿革，山川形势，考据详明。咸丰十年正月二十四日（1860年

1860	咸丰十年	正月二十八日,官军**克复安徽潜山**县城。
1860	咸丰十年	二月初四日,官军**克复广西横州**城池。
1860	咸丰十年	二月初七日,奏报查明**文津阁**书卷情形。
1860	咸丰十年	二月十二日,官军**克复安徽绩溪**县城。

2月15日),内阁奉谕旨,赐名《朔方备乘》。何秋涛以员外郎即行升补,并在懋勤殿行走。

克复安徽潜山 安徽潜山县城四面环河阻水。咸丰八年(1858)冬,太平军复踞潜山县城后,即修城浚濠,四出攻扰。咸丰十年正月二十六日(1860年2月17日),官军克复太湖县城后,太平军退入潜山县城。正月二十八日(1860年2月19日),副都统多隆阿、道员蒋凝学、潜山县知县叶兆兰等督率水陆各军克复潜山县城。

克复广西横州 广西横州属南宁府,咸丰七年四月初四日(1857年4月27日),土寇张文光攻陷横州城池,总兵色克精阿等连年苦战,终以敌众兵单,未能得手。咸丰十年二月初一日(1860年2月22日),署都司杨家杰等带领广东、广西两省兵勇分路进攻。二月初四日(1860年2月25日)夜,官军乘夜克复横州城池。

文津阁 文津阁在热河避暑山庄,为清朝收藏《四库全书》之所,与盛京文溯阁、北京紫禁城文渊阁、圆明园文源阁合称北四阁,又称内廷四阁。文津阁六间,凡三层,通共藏书七千二百五十二函。咸丰十年二月初七日(1860年2月28日),常清等具折奏明查点数目相符,并无伤损短少。

克复安徽绩溪 咸丰十年二月初八日(1860年2月29日),安

1860	咸丰十年	二月十二日，官军**克复江苏清江浦镇**。
1860	咸丰十年	二月二十日，官军**收复贵州普安**县城。
1860	咸丰十年	二月二十二日，以班禅额尔德尼呼毕勒罕**坐床**颁给敕书。
1860	咸丰十年	二月二十八日，英国租借**九龙司**地方。

徽太平军进扑徽州府城，总兵江长贵、知府刘兆璜、都司江长泰等进剿，阵斩太平军企天侯邓付意。二月十二日（1860年3月4日）夜间，克复绩溪县城。

克复江苏清江浦镇 江苏清江浦镇在淮阴县城北，捻首张洛行窜陷清江浦镇，分股屯扎王家营，为久踞计。咸丰十年二月十二日（1860年3月4日），候补道张学醇、副都统克蒙额等统带马步队与江南援军克复清江浦镇，张洛行率众西走。

收复贵州普安 咸丰十年二月初三日（1860年2月24日），贵州回乱，占据普安县城，署知县胡祖寅添募劲练，于二月十九日（1860年3月11日）攻破北门，收复普安县城。

坐床 坐床是藏传佛教新转世灵童接替前世活佛法位时升座仪式，经此仪式后，灵童始正式成为活佛。咸丰十年十月初二日（1860年11月14日），西藏班禅额尔德尼呼毕勒罕预定坐床。是年二月二十二日（1860年3月14日），内阁奉谕旨，派恩庆会同色呼本诺们罕前往看视，所有颁给敕书赏赉等件，命理藩院拣派司员两人驰驿赍往。

九龙司 九龙在广东省粤江口东岸，为向南突出海中之半岛，与香港隔水相望，其南端为九龙司。咸丰十年二月二十八日

1860—1860

1860	咸丰十年	三月初一日，以班禅额尔德尼将届坐床，派员前赴**札什伦布**照料。
1860	咸丰十年	三月初三日，官军**克复浙江杭州**省城。
1860	咸丰十年	三月初七日，官军**克复四川青神**县城。
1860	咸丰十年	三月十四日，**迪化州仓院失火**延烧茶箱。

（1860年3月20日），两广总督劳崇光允将九龙司地方一区永租与英国。

札什伦布 札什伦布即后藏日喀则，札什伦布寺为班禅额尔德尼驻锡之圣地。咸丰十年三月初一日（1860年3月22日），内阁奉谕旨，班禅额尔德尼呼毕勒罕将届坐床，又值受戒之期，达赖喇嘛尚属年幼，未能前往，著派咿征阿齐图呼图克图前赴札什伦布照料坐床受戒。

克复浙江杭州 咸丰十年二月二十七日（1860年3月19日），太平军忠王李秀成攻陷杭州省城。杭州将军瑞昌坚守驻防满城，候补提督张玉良进剿。三月初三日（1860年3月24日）早攻毁昭庆寺等太平军营垒，将军瑞昌督队登城，克复杭州省城。

克复四川青神 云南土寇蓝大顺、吴兽头子等聚众滋扰，攻占四川眉州青神等县城。咸丰十年三月初七日（1860年3月28日），青神县代办知县吏目黄志学会同眉州知州李德良督率团勇收复青神县城。三月十一日（1860年4月1日），彭山县知县葛福绥等收复彭山县城。

迪化州仓院失火 绥远城办解咸丰十年（1860）分茶二百五十箱，解至迪化州储存。是年三月十四日（1860年4月4日），迪化州汉城仓院不戒于火，延烧储

1860	咸丰十年	三月十五日，官军**克复浙江长兴县城**。
1860	咸丰十年	三月十七日，内阁奉谕旨，**喇嘛进贡**由四川进京。
1860	咸丰十年	三月十八日，官军**剿平贵州仲苗**之乱。
1860	咸丰十年	三月十八日，**太平军攻占安徽建平**县城。

茶房间，查点被烧茶一百八十九箱，尚有完好茶六十一箱。

克复浙江长兴县城 咸丰十年三月初七日（1860年3月28日），太平军忠王李秀成过浙江临安，循天目山北趋孝丰，三月初八日（1860年3月29日），官军收复临安县城。三月十四日（1860年4月4日），官军克复湖州府属孝丰县城。三月十五日（1860年4月5日），总兵熊天喜、记名总兵曾秉忠水陆并进，于是日午刻克复长兴县城。

喇嘛进贡 班禅额尔德尼呼毕勒罕坐床后将差喇嘛巴雅尔堪布呈进丹书克贡物。咸丰十年三月十七日（1860年4月7日），内阁奉谕旨，著准其援照成案由四川进京。

剿平贵州仲苗 咸丰九年（1859）四月间，贵州永宁一带仲苗土寇勾结滋扰。是年五月十八日（1859年6月18日），署安顺府知府周夔与署镇宁州知州龚世增等进攻陇戛、柴薪两寨。五月二十八日（1859年6月28日），攻破河头寨。咸丰十年三月十八日（1860年4月8日），将盘踞红岩巨寇老旺擒获，地方渐就平靖。

太平军攻占安徽建平 安徽建平县城，属广德州。咸丰十年三月十八日（1860年4月8日），太平军忠王李秀成会同辅王杨辅清等攻占建平县城。三月二十一日

1860	咸丰十年	三月二十日，官军**收复云南蒲江县城**。
1860	咸丰十年	三月二十四日，英法军事会议，决定**封锁北直隶**。
1860	咸丰十年	三月二十八日，官军**克复安徽广德州城**。
1860	咸丰十年	闰三月初一日，**英法军占领定海**厅城。

（1860年4月11日），江苏东坝、溧阳相继失陷。闰三月初二日（1860年4月22日），已革总兵米兴朝、署广德州知州邵启元等督带兵勇克复建平县城。

收复云南蒲江 咸丰十年（1860）三月，云南土寇占据蒲江县城后，分股窜扰州城等地。三月十九日（1860年4月9日），署总兵傅崐督兵进剿。三月二十日（1860年4月10日），收复蒲江县城。是日，名山县城失陷。

封锁北直隶 咸丰十年三月二十四日（1860年4月14日），英使卜鲁斯、法使布尔布隆（Alphonse de Bourboulon, 1809—？）、英法海陆军统领在上海举行军事会议，决定封锁北直隶，占领舟山。

克复安徽广德 咸丰十年三月十四日（1860年4月4日），太平军忠王李秀成过浙江孝丰县入据安徽广德州城。三月二十七日（1860年4月17日），总兵熊天喜等亲率官兵在浪宕桥扎营。三月二十八日（1860年4月18日），官军四路进攻，直薄城下。是日午刻，克复广德州城。

英法军占领定海 定海在浙江省，英法决意报复，于咸丰十年闰三月初一日（1860年4月21日）派遣兵船驶至定海道头地方停泊，英法官员进城，分住寺院，遍贴告示，以兵胁和，以地要和。

克复安徽太平 太平军占领安徽

		1860—1860
1860	咸丰十年	闰三月十三日，官军**克复安徽太平**县城。
1860	咸丰十年	闰三月二十二日，官军**克复江苏泾县**城池。
1860	咸丰十年	闰三月二十九日，**太平军攻占江苏丹阳**县城。
1860	咸丰十年	四月十三日，**太平军攻占江苏苏州**省城。
1860	咸丰十年	四月十三日，美人华尔组成**洋枪队**。

太平、旌德等县城，官军屡攻不克。咸丰十年闰三月十一、十二（1860年5月1、2日）等日，知府苏式敬会同湘军援浙道员萧翰庆分路夹攻太平县城，城中同时内应。闰三月十三日（1860年5月3日），克复太平县城。同日，总兵江长贵、游击黄朝升等克复安徽旌德县城。

克复江苏泾县 安徽泾县属宁国府，官军克复旌德、太平以后，总兵江长贵、副将吴再升等进攻泾县，宁国府知府颜培文率团助剿，于咸丰十年闰三月二十二日（1860年5月12日）克复泾县县城。

太平军攻占江苏丹阳 江苏丹阳县城位于运河西岸，在镇江县南。咸丰十年闰三月二十九日（1860年5月19日），太平军忠王李秀成、辅王杨辅清、侍王李世贤等攻占丹阳县城，寿春镇总兵熊天喜阵亡，江南提督张国梁溺死河中，钦差大臣和春等奔常州。

太平军攻占江苏苏州 咸丰十年四月十二日（1860年6月1日），太平军忠王李秀成、侍王李世贤督率大队直扑苏州省城。四月十三日（1860年6月2日），苏州省城失守。同日，忠王李秀成分军占领江苏江阴县城。四月十九日（1860年6月8日），常熟县知县周沐润筹募沙勇，民团响应，四面围剿，克复江阴县城。

洋枪队 咸丰十年四月十三

1860	咸丰十年	四月十九日，官军**克复广西庆远**府城。
1860	咸丰十年	四月十九日，**法国兵船占据烟台**。
1860	咸丰十年	四月二十二日，云南**回民勾结太平军攻陷楚雄**府城。
1860	咸丰十年	四月二十二日，官军**克复浙江淳安**县城。

日（1860年6月2日），美人华尔（Frederick Townsend Ward, 1831—1862）得上海巨商四明公所董事杨坊及苏松太道吴煦之助，雇募吕宋人百名，组成洋枪队，保卫上海，白齐文（Henry Andrea Burgevine, 1836—1865）等副之。

克复广西庆远 太平军翼王石达开占领广西庆远府城后，官军进剿，屡攻不克。咸丰十年四月十八日（1860年6月7日），知府荣林率领勇练由西路前进，署宜山县知县况逢春等各带团练由北路前进。四月十九日（1860年6月8日），两路会师，石达开弃庆远府城走忻城，官军克复庆远府城。

法国兵船占据烟台 咸丰十年四月十九日（1860年6月8日），法国兵船驶至烟台山下，法军三四千人各执器械上岸，占住民房，扎营于山上，并张贴告示。

回民勾结太平军攻陷楚雄 云南回民勾结太平军及土寇四处滋扰，猛扑广南府罗平州，广通、元谋等县城先后失守。咸丰十年四月二十二日（1860年6月11日），攻陷楚雄府城。

克复浙江淳安 太平军占领浙江淳安县城后，官军屡攻未克。咸丰十年四月二十一日（1860年6月10日）夜，总兵饶廷选与知府彭斯举等分路薄城，副将王梦麟等各率所部会师齐进。四月二十二

1860	咸丰十年	四月二十六日，顺天民妇**宁聂氏妄托降神**为人治病，命交刑部审办。
1860	咸丰十年	四月二十七日，美使**华若翰**在上海会晤何桂清。
1860	咸丰十年	四月二十八日，**太平军占领江苏太仓**州城。
1860	咸丰十年	五月初八日，官军**克复江苏太仓**州城。

日（1860年6月11日），克复淳安县城。

宁聂氏妄托降神 顺天民妇宁聂氏妄托降神，为人治病，烧香受谢，并设有画像，经巡视东城御史毓通等拏获。咸丰十年四月二十六日（1860年6月15日），奉旨，以宁聂氏假神惑众，著交刑部严行审办。

华若翰（John Eliot Ward, 1814—1902） 华若翰是咸丰九年至咸丰十年（1859—1860）美国全权公使。咸丰十年四月二十七日（1860年6月16日），华若翰在上海会晤两江总督何桂清，告知俄罗斯使臣伊纳学即伊格那提业幅（Count General Nicolai Pavlovitch Ignatiev, 1832—1908）由京出海口坐火轮船行抵上海。伊格那提业幅怂恿英法北上作战。

太平军占领江苏太仓 咸丰十年四月二十八日（1860年6月17日），太平军忠王李秀成部占领江苏太仓州城，分军进围嘉定县城。江苏布政使薛焕于五月初四日（1860年6月22日）带勇由上海进剿。五月初五日（1860年6月23日），行抵嘉定城外。

克复江苏太仓 咸丰十年五月初四日（1860年6月22日），太平军忠王李秀成攻占江苏太仓州城、嘉定县城。五月初五日（1860年6月23日），江苏巡抚薛焕督令候

1860—1860

1860	咸丰十年	五月初八日，**英法对华宣战**。
1860	咸丰十年	五月十二日，**太平军攻陷贵州归化**厅城。
1860	咸丰十年	五月十三日，**太平军攻占江苏松江**府城。
1860	咸丰十年	五月十九日，官军**克复云南路南**州城。
1860	咸丰十年	五月二十八日，官军**克复江苏松江**府城。

补知县陈筹等向嘉定西门攻剿。五月初八日（1860年6月26日），各路兵勇同时进攻太仓、嘉定两城，同日克复两城。

英法对华宣战 咸丰十年五月初八日（1860年6月26日），英法政府通告欧美各邦对清朝宣战。

太平军攻陷贵州归化 贵州归化厅属安顺府，咸丰十年五月十二日（1860年6月30日），太平军翼王石达开部自贵州广顺攻占归化厅城，通判苏布护、游击守备高凤临等巷战受伤，力竭遇害，把总周兆奎等城破殉难。

太平军攻占江苏松江 咸丰十年五月初八日（1860年6月26日），官军克复太仓、嘉定后，太平军赖文光部于五月十二日（1860年6月30日）攻占青浦县城，设立乡官，按田输捐。五月十三日（1860年7月1日），忠王李秀成部攻占江苏松江府城。

克复云南路南 云南回众起事后勾结彝族攻陷路南州城，四处烧杀。咸丰十年（1860）三月，回众攻扑宜良县境，参将何自清等分路进剿。五月十三日（1860年7月1日）夜，副将何有保等攻破环州城回众营垒。五月十九日（1860年7月7日）夜，克复路南州城。

克复江苏松江 咸丰十年五月十三日（1860年7月1日），太平军忠王李秀成占领江苏松江府

1860	咸丰十年	六月十五日，英法军在北塘上岸。
1860	咸丰十年	六月二十六日，英法军攻占新河军粮城。
1860	咸丰十年	七月初二日，太平军攻陷贵州独山州城。
1860	咸丰十年	七月初二日，英法照会直隶总督恒福。

城。五月二十七日（1860年7月15日），候补道张景渠会同直隶州州同应宝时约会民团分头进剿，华尔等率上海洋枪队助剿，自戌至亥施放枪炮。五月二十八日（1860年7月16日），攻克松江府城。

北塘 大沽口塘沽之北为北塘。咸丰十年六月初九日（1860年7月26日），英法军分自大连、烟台进向天津。六月十五日（1860年8月1日），英法军由俄人引导在北塘上岸。六月十七日（1860年8月3日），英法军进攻塘沽，与僧格林沁部副都统德兴阿接仗。

英法军攻占新河军粮城 咸丰十年六月二十六日（1860年8月12日），英法马步军队约有万余人分扑新河军粮城，察哈尔都统西凌阿众寡不敌，退守唐儿沽，距大沽仅止八里。六月二十八日（1860年8月14日），英法军队占据唐儿沽即塘沽，大沽危在旦夕。

太平军攻陷贵州独山 咸丰十年七月初二日（1860年8月18日），太平军翼王石达开部分军自贵州永宁过镇宁、安顺、安平、龙里东趋，纠合当地教匪及三合会党攻陷贵州独山州城，署知州侯云沂及其子侯克善等五十五口同时投水殉难。

英法照会 咸丰十年七月初二日（1860年8月18日），英使额尔金、法使葛罗分别照会直隶总督

1860	咸丰十年	七月初四日，**太平军攻占安徽广德**州城。
1860	咸丰十年	七月初七日，英军占领**天津**。
1860	咸丰十年	七月十一日，以**江汉盛涨**各属被淹，命地方官妥为赈恤。
1860	咸丰十年	七月十二日，以**赍送敕书**司员不克进藏，命

恒福，必须占取大沽海口两岸炮台，使河道畅通，直抵津城，按照会办理，方能罢兵。

太平军攻占安徽广德 太平军英王陈玉成由浙江孝丰进攻安徽广德州，咸丰十年七月初四日（1860年8月20日），署提督江长贵、总兵米兴朝督战，因援军未到，以致广德州城失陷。

天津 天津属直隶，北至北京，南通江淮，黄河流域的货物多集散于此。咸丰十年七月初四日（1860年8月20日），英军统领克兰忒要求交出大沽炮台。七月初五日（1860年8月21日），英法军攻占大沽北岸炮台，直隶提督乐善阵亡。七月初七日（1860年8月23日），英军占领天津及大沽南岸炮台。

江汉盛涨 咸丰十年（1860）入夏以后，湖北荆州等府阴雨连旬，川江盛涨。五月十三日（1860年7月1日）以后，川水入楚，高至二十余丈，东湖等县，水漫入城。五月二十六（1860年7月14日）等日，襄河汉水陡涨二十余尺，滨临襄河之天门等县各堤溃漫成口，垸田被淹。七月十一日（1860年8月27日），内阁奉谕旨，著湖北、湖南督抚饬令地方官妥为赈恤。

赍送敕书 西藏班禅额尔德尼呼毕勒罕将于咸丰十年十月初二日（1860年11月14日）坐床，理藩院司员庆征等赍送敕书赏项银两

		驿递颁发。	
1860	咸丰十年	七月十六日,**太平军攻陷江苏金坛**县城。	
1860	咸丰十年	七月十九日,达赖喇嘛专差**赍呈贡物**自藏启程。	
1860	咸丰十年	七月二十三日,诏准已故**诺们罕留葬土尔扈特**。	
1860	咸丰十年	八月初四日,**太平军攻陷福山**城垣。	

先期于六月初三日（1860年7月20日）抵达四川，因赴藏之路尚未肃清，不克前进。七月十二日（1860年8月28日），内阁奉谕旨，即将敕书封固，先行驿递，交驻藏大臣颁发。

太平军攻陷江苏金坛 江苏金坛县城属镇江府，东有漕河，北达丹阳，南通溧阳，水运甚便。咸丰十年七月十六日（1860年9月1日），太平军侍王李世贤部攻占金坛县城，官军固守数月之久，因援兵未到，以致失陷。

赍呈贡物 达赖喇嘛呼毕勒罕坐床后，专差堪布罗布藏称勒随带僧俗十八人赍呈丹书克、贡物，于咸丰十年七月十九日（1860年9月4日）自藏启程，驻藏千总陈万荣带同兵丁十四名，沿途照料，由川赴京。

诺们罕留葬土尔扈特 咸丰十年七月二十三日（1860年9月8日），内阁奉谕旨，已故诺们罕阿旺札木巴勒楚勒齐木留葬土尔扈特佑安寺，其门徒二十三人并准其留于土尔扈特游牧。

太平军攻陷福山 江苏福山镇在常熟县北，滨临长江，与南通县狼山隔江对峙，自古为兵家必争之地。咸丰十年八月初四日（1860年9月18日），太平军定南主将黄文金自江苏常熟攻陷福山城垣，总兵叶万清、署镇洋县知县吴樑阵亡。八月十四日（1860

1860	咸丰十年	八月初四日,以英法军队逼进通州,命统兵大臣与之决战,**近畿士民齐心助战**。
1860	咸丰十年	八月初四日,英人**巴夏礼等被拘**。
1860	咸丰十年	八月初八日,以**秋狝木兰**,命吉林、黑龙江兵丁赴热河护驾。

年9月28日),太仓州城失守。

近畿士民齐心助战 咸丰十年八月初四日(1860年9月18日),内阁奉谕旨,以英法联军逼进通州,命统兵大臣带领各路马步诸军与之决战,近畿各州县地方士民或率领乡兵齐心助战,或整饬团练阻截路途,各海口一律闭关,绝其贸易。

巴夏礼等被拘 咸丰十年八月初四日(1860年9月18日),巴夏礼等三十九人在张家湾为僧格林沁所截获。八月初五日(1860年9月19日),巴夏礼等锁禁于刑部北监。是日,威妥玛到通州,要求释放巴夏礼等人,否则进攻北京。

秋狝木兰 木兰,满语读如muran,意即哨鹿或鹿鸣。热河木兰为御用围场。咸丰十年八月初八日(1860年9月22日),以秋狝木兰,自圆明园启銮。八月初九日(1860年9月23日),军机大臣遵旨寄信热河都统春佑、署山海关副都统宝山等所有前调吉林、黑龙江兵丁折赴热河护驾,毋庸前赴通州。

英法军进逼北京 咸丰十年八月十二日(1860年9月26日),英法军逼进至北京朝阳门外。

太平军攻陷安徽宁国 咸丰十年八月十二日(1860年9月26日),太平军辅王杨辅清、侍王李世贤等攻陷安徽宁国府城,湖南提督周天受、知府颜培文等死之。

		1860—1860
1860	咸丰十年	八月十二日，**英法军进逼北京**。
1860	咸丰十年	八月十二日，**太平军攻陷安徽宁国**府城。
1860	咸丰十年	八月二十二日，法军进占**圆明园**，大肆抢掠。
1860	咸丰十年	八月二十五日，**太平军攻占安徽徽州**府城。
1860	咸丰十年	八月二十九日，**英法军入京城**。

圆明园 圆明园在北京海淀区，始建于康熙四十八年（1709），初为雍亲王胤禛藩邸，经乾隆等朝继续营建，园地周围二十余里，半水半陆，仿国内及西洋名园建筑，各具特色。咸丰十年八月二十二日（1860年10月6日），英法军队击败僧格林沁等军于北京安定门、德胜门外，法军进占圆明园，焚烧街市，大肆抢掠。八月二十三日（1860年10月7日），英军进入圆明园，加入抢掠。珍藏文物被劫一空，圆明园被烧毁。清漪园员外郎兼公中佐领泰清及其母王氏等全家十六名口自焚，一门忠烈，同时捐躯。八月二十四日（1860年10月8日），英法军人抢掠静明园。八月二十七日（1860年10月11日），英军统领克兰忒将英军在圆明园抢掠物品拍卖。

太平军攻占安徽徽州 咸丰十年八月二十四日（1860年10月8日），太平军侍王李世贤等大队，直扑安徽徽州府城。八月二十五日（1860年10月9日），太平军伏于民房，施放火枪，官军寡不敌众，徽州府城失陷，皖南道李元度败走浙江开化。

英法军入京城 咸丰十年八月二十六日（1860年10月10日），英军统领克兰忒，法军统领孟达班（Comte de Palikao Charles Guillaume Marie Apollinaire Antoine Cousin－Montauban,

1860—1860

1860	咸丰十年	九月初四日，官军**克复江苏江阴**县城。
1860	咸丰十年	九月初五日，**英军焚圆明园**。
1860	咸丰十年	九月初九日，**呼征阿齐图呼图克图**起程赴札什伦布。
1860	咸丰十年	九月十一日，《**中英北京条约**》画押。

1796—1878）照会恭亲王奕䜣，限于三日内交出北京安定门。八月二十九日（1860年10月13日），北京安定门于正午开放，英法军队进入北京城。

克复江苏江阴 江苏江阴县属常州府，北濒长江，为江防要地，太平军占领江阴县城后，靖江县知县齐在镕、署通州知州张富年等统带兵勇进剿。咸丰十年九月初四日（1860年10月17日），兵勇抄入东门，克复江阴县城。

英军焚圆明园 咸丰十年九月初五日（1860年10月18日），英军奉英使额尔金命，焚烧圆明园万寿山、玉泉山、香山，清漪、静明、静宜等三园亦被焚毁，大火三日。

呼征阿齐图呼图克图 咸丰十年九月初九日（1860年10月22日），掌办商上事务呼征阿齐图呼图克图遵旨由前藏起程赴札什伦布寺照料班禅额尔德尼坐床，并传授小戒。札什伦布即西藏日喀则，为后藏首府，城西都布山有札什伦布寺，为班禅额尔德尼驻锡之所。

中英北京条约 咸丰十年九月十一日（1860年10月24日），英使额尔金入京，与恭亲王奕䜣在礼部将《中英北京条约》画押，并换《天津条约》，开天津为通商口岸，割九龙司地方一区，赔款八百万两。

1860	咸丰十年	九月十二日，《中法北京条约》画押。
1860	咸丰十年	十月初二日，订立《中俄北京条约》。
1860	咸丰十年	十月初五日，诏五城粥厂提早开放。
1860	咸丰十年	十月初八日，官军攻克浙江严州府城。
1860	咸丰十年	十月十一日，诏准越南例贡暂行展缓。

中法北京条约 咸丰十年九月十二日（1860年10月25日），法使葛罗入京，与恭亲王奕䜣将《中法北京条约》画押，并换《天津条约》，开天津为通商口岸，赔款八百万两。

中俄北京条约 咸丰十年十月初二日（1860年11月14日），恭亲王奕䜣与俄使伊格那提业幅订立《中俄北京条约》，乌苏里江以东属俄，喀什噶尔通商，库伦准设领事。

五城粥厂 咸丰十年十月初五日（1860年11月17日），以近畿百姓猝遭兵燹，内阁奉谕旨，五城粥厂着提早开放，于十月初一日起至次年三月二十日止（1860年11月13日至1861年4月29日）按城设厂煮粥赈济，责成五城御史认真办理。

攻克浙江严州 太平军占领浙江严州府城后，官军屡攻不克。咸丰十年十月初八日（1860年11月20日），太平军侍王李世贤遣进天义范汝增等自严州府回安徽西援休宁，官军提督张玉良、总兵李定太、参将韩廷贵等乘机攻克严州府城。

越南例贡暂行展缓 嘉庆十九年（1804），议定越南四年遣使入京进贡一次。咸丰年间，因太平军、会党起事，地方不靖。咸丰十年十月十一日（1860年11月23日），以广西南太浔梧等府军务未竣，道路梗阻，内阁奉谕旨，

1860—1861

1860	咸丰十年	十一月初一日，湘军**克复江西德兴**县城。
1860	咸丰十年	十一月初十日，**浩罕**伯克呈进贡物马匹派员代递。
1860	咸丰十年	十一月十三日，练总**苗沛霖劫掠饷银**。
1861	咸丰十年	十二月初三日，**太平军攻陷福建汀州**府城。
1861	咸丰十年	十二月初三日，理藩院奏准**俄罗斯喇嘛学生**

越南国丁巳（咸丰七年）、辛酉（咸丰十一年）两届例贡，著暂行展缓。

克复江西德兴 太平军占领江西德兴县城后，湘军候补四品京堂左宗棠以新立之军由乐平移扎景德镇，派兵进剿。咸丰十年十一月初一日（1860年12月12日），左宗棠所部王开化等军会合克复德兴县城。十一月初三日（1860年12月14日），乘胜克复安徽婺源县城。

浩罕 浩罕，又作"霍罕"，同音异译。浩罕地处东西贸易孔道，其商人遍及天山南路各城。乾隆二十四年（1859），清军追击大小和卓木，遣使至浩罕，首领额尔德尼伯克奉表称臣，为清朝藩属。咸丰十年十一月初十日（1860年12月21日），浩罕伯克呈进贡物马匹，派员代递，自叶尔羌启程，并将监禁之呼岱达伯塔尔等十五犯释放。

苗沛霖劫掠饷银 咸丰十年十一月十三日（1860年12月24日），川北道练总苗沛霖因与寿州徐立壮、孙家泰结怨相攻，在颍上劫掠饷银炮船，通款于太平军英王陈玉成。

太平军攻陷福建汀州 咸丰十年十二月初三日（1861年1月13日），太平军将领朱衣点等由江

		1861—1861
		改称字样。
1861	咸丰十年	十二月初四日，广东官军克复平远县城。
1861	咸丰十年	十二月初十日，设立总理衙门。
1861	咸丰十年	十二月初十日，命崇厚为三口通商大臣。
1861	咸丰十年	十二月初十日，旗人学习外国语文。

西南安、瑞金突入福建，攻陷汀州府城。

俄罗斯喇嘛学生改称 住京俄罗斯达喇嘛固里呈请将达喇嘛改称掌院修士，喇嘛改称修士，学生改称文士。咸丰十年十二月初三日（1861年1月13日），经理藩院奏请钦定，奉旨照呈改称。

克复平远 太平军由江西安远县撤回广东后，于咸丰十年（1860）十月间占领平远县城，都司长清、方耀等率领兵勇分队进剿。十二月初四日（1861年1月14日）夜，攻克平远县城。

总理衙门 咸丰十年十二月初十日（1861年1月20日），设立总理各国通商事务衙门，命恭亲王奕䜣、大学士桂良、户部左侍郎文祥管理，是清朝政府因应中外交涉问题专办外交而设置的机构。其后省略通商二字，改称总理各国事务衙门，简称总理衙门，又称总署或译署。咸丰十一年二月初一日（1861年3月11日），礼部遵旨颁给钦命总理各国事务关防一颗。

通商大臣 咸丰十年十二月初十日（1861年1月20日），命侍郎衔崇厚为办理三口通商大臣，驻扎天津，管理牛庄、天津、登州通商事务。广州、福州、厦门、宁波、上海、长江三口、潮州、琼

1861—1861

1861	咸丰十年	十二月十八日，法国**艾嘉略入川传教**。
1861	咸丰十年	十二月二十五日，官军**克复浙江江山**县城。
1861	咸丰十年	十二月二十七日，照会俄使**会勘乌苏里江分界**。
1861	咸丰十一年	正月初四日，官军**克复贵州定番**州城。

州、台湾、淡水各口，由署理钦差大臣江苏巡抚薛焕办理。

外国语文 咸丰十年十二月初十日（1861年1月20日），命广东上海各派识解外国语言文字两人入京差委，并准于八旗中挑人学习外国语言文字。

艾嘉略入川传教 四川省向来习天主教者，川东居多，省城内外，间有之，尚无不法情事。咸丰十年十二月十八日（1861年1月28日），法国名士艾嘉略（Louis Charles Delamarre, 1810—1865）由河南、陕西进入四川省城，主仆三人。十二月二十三日（1861年2月2日），艾嘉略会晤署理四川总督崇实，求为保护，毋令天主教受害。

克复浙江江山 太平军攻陷浙江江山、常山两县城后，总兵曾玉明派令参将林文察进剿。咸丰十年十二月二十五日（1861年2月4日），克复江山县城。提督张玉良、总兵李定太分路进攻常山县城。咸丰十一年正月初三日（1861年2月12日），克复常山县城。

会勘乌苏里江分界 伊格那提业幅为俄罗斯全权公使。咸丰十年十二月二十七日（1861年2月6日），恭亲王奕䜣等照会伊格那提业幅与钦派大臣成琦定于四月下旬会勘乌苏里江兴凯湖分界。

克复贵州定番 咸丰十年（1860）夏间，太平军进入贵州，占领定番州城及长寨等地。十二月初六日（1861年1月16日），总兵杨岩

1861	咸丰十一年	正月初八日,官军**克复浙江富阳**县城。
1861	咸丰十一年	正月十四日,镇江英**租界租约**成立。
1861	咸丰十一年	二月初四日,**天地会攻占广东信宜**县城。
1861	咸丰十一年	二月初四日,**朝鲜遭风海难民人附搭琉球贡船**赴闽。

宝等由青岩进剿。咸丰十一年正月初四日(1861年2月13日),克复定番州城。副将周学桂由威远进兵,于正月十一日(1861年2月20日)克复长寨。

克复浙江富阳 咸丰十年十二月(1861年1月)间,太平军由安徽桐庐等处进入浙江,占领富阳县城。咸丰十一年正月初三日(1861年2月12日),副将贵廷芳等督带兵勇水路并进。正月初七日(1861年2月16日),官军四面环攻。正月初八日(1861年2月17日),克复富阳县城。

租界租约 咸丰十一年正月初九日(1861年2月18日),英参赞巴夏礼自广州到上海。正月十三日(1861年2月22日),巴夏礼到镇江,晤副都统巴栋阿商议通商事宜。正月十四日(1861年2月23日),镇江英租界租约正式成立。二月十五日(1861年2月24日),订立九江租界租约。

天地会攻占广东信宜 广西天地会首陈金缸在梧州经官军剿败后窜入岑溪,勾结土寇,于咸丰十一年二月初四日(1861年3月14日)攻陷广东信宜县城。

朝鲜遭风海难民人附搭琉球贡船
咸丰九年九月二十五日(1859年10月20日),朝鲜全罗道江津人梁明得等九人同乘一船出海捕鱼,遭风漂流。十月初四日(1859年10月29日),漂至大岛。咸丰十年正月二十日(1860年2月11日),船尾遭风损毁。正月二十五日

1861—1861

1861	咸丰十一年	二月初九日，官军**克复浙江新城**县城。
1861	咸丰十一年	二月初十日，内阁奉谕旨，于二月二十五日**回銮还京**。
1861	咸丰十一年	二月十五日，法国公使布尔布隆**入驻北京**。
1861	咸丰十一年	二月二十二日，**诏停回銮**。

（1860年2月16日），漂到琉球避山地方遇救登岸。十一月十七日（1860年12月28日），附搭琉球贡船赴闽。咸丰十一年二月初四日（1861年3月14日），到福州。

克复浙江新城 太平军由徽宁进入浙江，占领新城、临安、分水等县城后，官军副将王振声会同管带水师副将贵廷芳约会乡团进剿，于咸丰十一年二月初九日（1861年3月19日），将新城县城克复，于二月十二日（1861年3月22日）收复分水县城及临安县城。

回銮还京 清文宗初降旨于咸丰十一年二月十三日（1861年3月23日）回銮，后因圣躬偶抱微疴，于二月初十日（1861年3月20日）内阁奉谕旨改于二月二十五日（1861年4月4日），启銮。三月初二日（1861年4月11日），还宫，十二日（1861年4月21日），由京启銮，祗谒东陵礼成后驻跸避暑山庄。二月二十二日（1861年4月1日），以圣躬尚未大安，王大臣奏请暂停回銮。

入驻北京 咸丰十一年二月十五日（1861年3月25日），法国全权公使布尔布隆入驻北京。英国全权公使卜鲁斯于二月十六日（1861年3月26日）入驻北京。

诏停回銮 咸丰十一年（1861）正月间，文宗降旨于二月十三日（1861年3月23日）回銮。二月初十日（1861年3月20日），内阁奉谕旨，因偶抱微疴，著改于二月二十五日（1861年4月4日）启

1861	咸丰十一年	二月二十四日，诏朝鲜使臣毋庸赴行在**奉表瞻觐**。
1861	咸丰十一年	二月二十四日，**英军交还天津贡院**。
1861	咸丰十一年	二月二十五日，官军**克复浙江遂安**县城。
1861	咸丰十一年	二月三十日，**太平军攻占江西景德镇**。

銮，三月初二日（1861年4月11日），还宫。十二日（1861年4月21日），由京启銮，祗谒东陵礼成后驻跸避暑山庄。继因仍须静心调摄，王大臣于二月二十二日（1861年4月1日）奏请暂停回銮。同日，内阁奉谕旨，暂缓回銮。

奉表瞻觐 朝鲜国王遣使瞻觐，礼部请旨可否带赴行在。咸丰十一年二月二十四日（1861年4月3日），内阁奉谕旨，因圣躬违和，著毋庸诣行在奉表瞻觐，礼部照例筵宴颁赏。

英军交还天津贡院 英法兵丁占据天津地方，英法使臣入京换约后，英法兵丁先后退出占据地方。据天津府县禀称，咸丰十一年二月二十四日（1861年4月3日），英人交还天津贡院。

克复浙江遂安 咸丰十一年二月十五日（1861年3月25日），太平军由徽州攻陷浙江遂安县城，提督张玉良由严州统兵进剿。二月二十五日（1861年4月4日），克复遂安县城。

太平军攻占江西景德镇 太平军侍王李世贤部攻扑江西景德镇，曾国藩派令总兵陈大富带兵往援。咸丰十一年二月二十九日（1861年4月8日），太平军由镇南进攻李村。二月三十日（1861年4月9日），太平军乘雾进攻双凤桥、观音阁，陈大富督兵迎击，身中炮伤，投河殉节，参将田应科等力战阵亡，景德镇失守。

1861	咸丰十一年	三月初八日，命**大阿哥入学读书**。
1861	咸丰十一年	三月初九日，官军**克复湖北孝感**县城。
1861	咸丰十一年	三月初九日，**太平军攻占浙江平湖**县城及乍浦镇。
1861	咸丰十一年	三月十一日，官军**收复武平**县城。
1861	咸丰十一年	三月十六日，**朝鲜遣使恭问起居**。

大阿哥入学读书 清文宗生二子：大阿哥载淳（dzai šun），叶赫那拉氏所生；次子无名，贵妃徐佳氏所生。咸丰十一年三月初八日（1861年4月17日），奉朱谕，大阿哥于四月初七日（1861年5月16日）入学读书，命翰林院编修李鸿藻充大阿哥师傅，于三月内赴行在。

克复湖北孝感 太平军由安徽进入湖北黄州后，分兵占领孝感等县城。咸丰十一年三月初一日（1861年4月10日），道员金国琛率领湘勇进攻孝感，都司王吉带领师船，副都统舒保带领马队策应。三月初九日（1861年4月18日），水陆兵勇克复孝感县城。

太平军攻占浙江平湖 咸丰十一年三月初八日（1861年4月17日），太平军攻陷浙江乍浦镇，副都统锡龄阿等阵亡。三月初九日（1861年4月18日），太平军攻陷平湖县城，总兵米兴朝退守洙泾。

收复武平 广东平远县土寇赖亚岳经官军击败后窜入福建，与瞿明开一股联合攻陷武平所、武平县城。参将方耀等进剿。咸丰十一年三月初十日（1861年4月19日），克复武平所。十一日（1861年4月20日），克复武平县城。

朝鲜遣使恭问起居 清朝皇帝巡幸，朝鲜国王照例遣使备进

1861	咸丰十一年	三月二十日，俄国商人欲带货物由**独石口**进京贸易。
1861	咸丰十一年	三月二十三日，**德国专使到天津**会晤通商大臣。
1861	咸丰十一年	三月二十四日，山东邱县**教匪攻陷直隶曲周**县城。
1861	咸丰十一年	三月二十五日，**英国送回医愈兵弁**。

方物。咸丰十一年三月十六日（1861年4月25日），朝鲜国特遣正使赵徽林、副使朴珪寿等到达北京，恭问起居，备进方物。

独石口 独石口在察哈尔沽源县南，赤城县北，为长城要隘，三面环山，一面通道，形势险要。咸丰十一年三月二十日（1861年4月29日），俄国商人携带货物，行至镶白旗所属小河子地方，欲由独石口进京贸易。经防守尉等开导，阻止俄国商人入京，俄国商人改道赴张家口。

德国专使到天津 咸丰十一年三月二十三日（1861年5月2日），普鲁斯（即德意志国）专使艾林波（Count Friedrich Eulenburg, 1815—1881）行抵天津，面晤通商大臣崇厚。三月二十七日，钦派总理各国事务衙门帮办大臣崇纶由京启程赴津商办通商事宜。

教匪攻陷直隶曲周 咸丰十一年三月二十四日（1861年5月3日），山东教匪攻陷直隶曲周县城。知县范守恒、典史倪嘉璘殉难。四月初一日（1861年5月10日），经官军四路进剿，教匪弃城，围攻威县城池。

英国送回医愈兵弁 咸丰十年（1860）秋间，英法联军之役，内地受伤兵弁四人，由英人留于军营代为医治痊愈。咸丰十

1861－1861

1861	咸丰十一年	三月二十九日，武英殿校刊《宣宗圣训》，诏奖出力人员。
1861	咸丰十一年	四月初七日，直隶教匪攻陷清河县城。
1861	咸丰十一年	四月十六日，官军收复福建汀州府城。

一年三月二十五日（1861年5月4日），英国公使卜鲁斯照会将痊愈兵弁送到公所。

宣宗圣训 咸丰十一年三月二十九日（1861年5月8日），以《宣宗成皇帝圣训》全书经武英殿校刊完竣，惠亲王奏保校刊出力人员，内阁奉谕旨，詹事府右赞善罗嘉福等所有在事出力人员著量予恩施。

教匪攻陷清河 咸丰十一年四月初七日（1861年5月16日），直隶教匪攻陷清河县城，代理知县陈大烈阵亡，典史赵惟焕等被执遇害。四月初九日（1861年5月18日），县丞张瑛会同外委孟继祥约齐团练收复清河县城。

收复福建汀州 太平军军略朱衣点等占领福建汀州府城，官军屡攻不克。咸丰十一年四月十三日（1861年5月22日），记名道张启煊率兵勇直逼汀州城外。十四日（1861年5月23日）黎明，张启煊带队进攻，副将林文察亲督台勇合力进攻。十六日（1861年5月25日），军略朱衣点退出汀州府城，西入江西瑞金，官军收复汀州府城。

恭亲王奕䜣 奕䜣（1832－1898）为清宣宗第六子，道光三十年正月十四日（1850年2月25日），宣宗大渐，立皇四子奕詝为皇太子，皇六子奕䜣封为亲王。同日，宣宗崩。正月十七日（1850年2月28日），清文宗封奕䜣为恭亲王。咸丰十年（1860）十二月，始设总理各国通商事务

1861	咸丰十一年	四月二十三日,**恭亲王奕䜣**接见英使卜鲁斯。
1861	咸丰十一年	五月初五日,湘军**克复安徽黟县**县城。
1861	咸丰十一年	五月初七日,官军**攻克山东馆陶**县城。
1861	咸丰十一年	五月初九日,官军**克复浙江长兴**县城。

衙门,命恭亲王奕䜣等管理事务。咸丰十一年四月二十三日(1861年6月1日),英使卜鲁斯至公所谒见恭亲王奕䜣,抗议广东惠潮嘉道不令英人进入潮州府城。

克复安徽黟县 湘军移扎安徽东流后,太平军绕袭后路。咸丰十一年五月初三日(1861年6月10日),太平军攻陷安徽黟县城池。五月初五日(1861年6月12日),湘军四路会合夹攻,提督江长贵督军进攻,克复黟县城池。五月初六日(1861年6月13日),总兵唐义训等分路追击太平军。五月初九日(1861年6月16日),太平军退出徽州府城,福建按察使张运兰带队入城,收复徽州府城。

攻克山东馆陶 山东教匪攻陷馆陶县城后,钦差大臣胜保派兵进剿。咸丰十一年五月初四日(1861年6月11日),西安、黑龙江马队乘势进攻。五月初七日(1861年6月14日),收复馆陶县城。五月十一日(1861年6月18日),西凌阿、谭廷襄等收复阳谷县城。五月十四日(1861年6月21日),击败黑旗头目宋景诗,克复冠县县城。五月十七日(1861年6月24日),官军克复朝城县城。五月十九日(1861年6月26日),攻克观城县城。

克复浙江长兴 太平军攻陷浙江长兴县城后,在南路虹星桥等处筑卡固守。咸丰十一年五月初九日(1861年6月16日),都司江震声、署长兴县知县陈徽章等水陆

1861	咸丰十一年	五月十一日,仓场侍郎成琦于兴凯湖与俄使**会商分界**事宜。
1861	咸丰十一年	五月十六日,**太平军攻陷浙江处州**府城。
1861	咸丰十一年	五月二十日,官军**收复浙江缙云**县城。
1861	咸丰十一年	六月初三日,官军**克复贵州普安**县城。

并进,克复长兴县城。

会商分界 咸丰十一年四月二十九日(1861年6月7日),仓场侍郎成琦等行抵兴凯湖。五月初四日(1861年6月11日),俄使到兴凯湖西北岸奎屯必拉安营。五月十一日(1861年6月18日),成琦与吉林将军景淳率同司员章京至奎屯必拉与俄使依照和约地图会商分界事宜。五月二十一日(1861年6月28日),中俄订立吉林分界记文地图牌文。

太平军攻陷浙江处州 咸丰十一年五月初六(1861年6月13日)等日,太平军侍王李世贤攻陷浙江遂昌、松阳县城,处州府知府李希郊驰往堵剿,因众寡不敌,力竭阵亡,处州府城即于五月十六日(1861年6月23日)失守。署温处道志勋会同署总兵特保督兵进攻。五月十八日(1861年6月25日),太平军退出处州府城。同日,官军收复处州府城。五月三十日(1861年7月7日),太平军攻陷浙江义乌县城。

收复浙江缙云 咸丰十一年五月十九日(1861年6月26日),太平军侍王李世贤占领浙江缙云县城。知县冯格等督率绅团会同官军进剿。五月二十日(1861年6月27日),太平军退出缙云,官军收复县城。遂昌等县城,亦先后克复。

克复贵州普安 贵州回众勾结滇黔汉苗滋扰普安厅属普安、贞丰

1861—1861

1861	咸丰十一年	六月初十日，喀尔喀**哲布尊丹巴**呼图克图呈进贡物。
1861	咸丰十一年	六月十四日，湘军**克复江西义宁**州城。
1861	咸丰十一年	六月二十日，官军**收复江西武宁**县城。

等县城。咸丰十一年三月十九日（1861年4月28日），都司何占标等各带兵练进剿，生擒回首张凌汉等人。六月初三日（1861年7月10日）夜，城中火发，伏兵齐起，克复普安县城。

哲布尊丹巴 哲布尊丹巴呼图克图为清朝所封藏传佛教呼图克图之一，藏语音译为"尊胜"，蒙古语读如"温都尔格根"，意为"至高光明者"，掌外蒙古地区喇嘛事务。咸丰十一年三月十六日（1861年4月25日），哲布尊丹巴呼图克图之教经师傅那旺鄂特薩尔奉谕旨赏给诺们罕名号，其父密玛尔奉谕旨赏给五品顶戴花翎。哲布尊丹巴呼图克图差遣卓呢尔喇嘛索诺木车林赴京呈进谢恩贡物，于是年六月初十日（1861年7月17日）到京。

克复江西义宁 太平军忠王李秀成占领江西义宁州城后，安徽徽宁池太广道李元度督率湘军进剿。咸丰十一年六月十三日（1861年7月20日），湘军分三路进逼义宁州城。

收复江西武宁 太平军忠王李秀成部占领江西武宁、靖安县城后，知县翁廷绪、署都司阿敦布募集团勇进剿。咸丰十一年六月二十日（1861年7月27日），太平军忠王李秀成退出武宁县城，官军收复武宁县城。七月初三日（1861年8月8日），知县陶黼昌

1861	咸丰十一年	六月二十一日，官军**克复浙江于潜**县城。
1861	咸丰十一年	六月二十二日，官军**克复浙江严州**府城。
1861	咸丰十一年	六月二十九日，诏准江苏设立**筹饷总局**。
1861	咸丰十一年	七月初九日，官军**收复瑞州**府城。
1861	咸丰十一年	七月十一日，官军**克复湖北德安**府城。

募集兵勇，与外委江殿龙分攻靖安东西两门，七月初四日（1861年8月9日），克复靖安县城。

克复浙江于潜 咸丰十年（1860）十二月，太平军攻陷浙江于潜、昌化二县城。咸丰十一年六月二十一日（1861年7月28日），昌化县知县汪春溥会同绅董章甫材等督率乡团分路进剿，收复昌化县城。六月二十二日（1861年7月29日），署于潜县知县包容带团收复于潜县城。

克复浙江严州 咸丰十一年六月二十日（1861年7月27日），太平军攻陷浙江严州府城。六月二十一日（1861年7月28日），提督张玉良等从兰溪往援，水陆并进，直薄城下。六月二十二日（1861年7月29日），官军攻克严州府城。

筹饷总局 江苏巡抚薛焕奏请设立筹饷总局，委员经理。咸丰十一年六月二十九日（1861年8月5日），内阁奉谕旨，江苏设立筹饷总局，著照所请，即委候补盐运使金安清总办，南北两台筹饷事务著乔松年、江清骥分管支放。

收复瑞州 太平军占领江西新昌县城后，道员李元度等分路进剿。咸丰十一年七月初四日（1861年8月9日），进薄新昌城下。七月初五日（1861年8月10日），官军先后克复新昌、奉新县城。七月初八日（1861年8月13

1861	咸丰十一年	七月十六日，官军**克复广西浔州**府城。
1861	咸丰十一年	七月十六日，诏**立皇太子**。
1861	咸丰十一年	七月十七日，清**文宗驾崩**。
1861	咸丰十一年	七月二十六日，拟呈年号，奉旨用**祺祥**二字。

日），收复上高县城。七月初九日（1861年8月14日），太平军忠王李秀成率全军退出江西瑞州府城，官军收复瑞州府城。

克复湖北德安 太平军占领湖北德安府城后，副都统舒保等率领官军围攻。咸丰十一年七月十一日（1861年8月16日），马步官军克复德安府城。

克复广西浔州 广西三合会，官府初称之为赤巾，后称之为艇匪。会首陈开于咸丰五年（1855）攻占广西浔州府城。咸丰十一年七月十四日（1861年8月19日），按察使蒋益澧、总兵李扬陞等督率水陆各军进逼浔州城下。七月十六日（1861年8月21日），克复浔州府城。

立皇太子 咸丰十一年七月十六日（1861年8月21日）子刻，清文宗召见载垣、端华、景寿、肃顺、穆荫、匡源、杜翰、焦祐瀛，特命承写朱谕，立大阿哥载淳为皇太子。

文宗驾崩 咸丰十一年七月十七日（1861年8月22日），清文宗病势增剧，是日寅刻，驾崩于热河避暑山庄烟波致爽，享寿三十一岁。是日辰刻，灵驾奉安烟波致爽东间。是年十二月初七日（1862年1月6日），谥号显皇帝，庙号文宗。同治四年九月二十二日（1865年11月10日），葬于定陵。

祺祥 咸丰十一年七月二十六日

1861—1861

1861	咸丰十一年	八月初一日，湘军**克复安庆**省城。
1861	咸丰十一年	八月初三日，官军**克复安徽桐城**县城。
1861	咸丰十一年	八月初五日，官军**克复安徽池州**府城。
1861	咸丰十一年	八月初七日，官军**克复安徽舒城**县城。
1861	咸丰十一年	八月十二日，湘军水师**克复安徽铜陵**县城。

（1861年8月31），王大臣等拟呈年号兴符（mukdengge acanaha）、安禧（elhe fengšengge）、祥祐（sabi aisingga）、祺祥（fengšengge sabingga）。是日奉旨用"祺祥"二字。

克复安庆 安庆为安徽省城，咸丰三年（1853），太平军攻陷安庆省城后，企图久踞。咸丰十年（1860），官军合围安庆省城。咸丰十一年八月初一日（1861年9月5日），湘军即用道曾国荃等用地雷轰倒安庆北门城垣，克复安庆省城。据曾国藩奏报湘军攻克安庆省城杀毙太平军二万余人，其赴江中湖内凫水逃遁者，又经水师截杀，无一得脱。

克复安徽桐城 湘军克复安庆省城后，即用道曾国荃分途追剿太平军英王陈玉成，副都统多隆阿督率马队进攻桐城。咸丰十一年八月初三日（1861年9月7日），克复桐城县城。八月初八日（1861年9月12日），克复宿松、黄梅县城，蕲州城池亦克复。八月十一日（1861年9月15日），多隆阿收复广济县城。

克复安徽池州 湘军自克复安庆省城后，水师提督杨载福派令总兵王明山等进攻池州。咸丰十一年八月初五日（1861年9月9日），水陆并进，克复池州府城。

克复安徽舒城 湖北太平军被官军击败后，退走安徽境内，占领

1861	咸丰十一年	八月十六日，内阁奉谕旨，定梓宫回京日期。
1861	咸丰十一年	八月二十四日，官军克复湖北黄州府城。
1861	咸丰十一年	九月初九日，诏金州地震著地方官妥为安置。
1861	咸丰十一年	九月二十日，湘军克复无为州城。

舒城县城，署知县陈元泰、参将桂学高等带兵进剿，昼夜环攻。咸丰十一年八月初七日（1861年9月11日），克复舒城县城，生擒头目皈天燕等人。

克复安徽铜陵 咸丰十一年八月十二日（1861年9月16日），湘军水师总兵王明山进攻安徽铜陵东门，总兵黄翼升攻其西门，相继登城，克复铜陵县城。

梓宫回京 咸丰十一年八月十六日（1861年9月20日），内阁奉谕旨，择于九月二十三日（1861年10月26日）奉梓宫回京，所有经行各处，因修治道路桥梁，著将承德府及所属州县明年应征钱粮，全行蠲免，刊刻誊黄晓谕。

克复湖北黄州 太平军固守湖北黄州府城，官军屡攻不克。咸丰十一年八月二十三日（1861年9月27日），按察使彭玉麟、总兵李续宜水陆并进，攻入黄州府城。八月二十四日（1861年9月28日），克复黄州府城。

金州地震 咸丰十一年（1861）六月间，奉天金州地方连次地震，正黄等四旗界内震倒旗民住房六百四十间。同年九月初九日（1861年10月12日），内阁奉谕旨，著照例给与修费，饬令地方官妥为安置旗民。

克复无为 湘军克复安庆等城后，即由庐江进取无为州城。咸丰十一年九月十八日（1861年10月

1861	咸丰十一年	九月二十九日，**太平军攻陷浙江绍兴**府城。
1861	咸丰十一年	九月二十九日，两宫皇**太后抵京**。
1861	咸丰十一年	十月初一日，官军**克复湖北随州**城池。
1861	咸丰十一年	十月初五日，诏**更定建元年号**。
1861	咸丰十一年	十月初六日，以载垣、端华、肃顺跋扈不臣，**诏定罪名**。

21日），记名按察使曾国荃会同总兵王明山等督率水陆各军乘胜齐抵无为州城下。九月二十日（1861年10月23日），克复无为州城。

太平军攻陷浙江绍兴 咸丰十一年九月二十三日（1861年10月26日），太平军忠王李秀成督军围攻浙江杭州。九月二十四日（1861年10月27日），太平军占领萧山县城。九月二十六日（1861年10月29日），太平军占领诸暨县城，绍兴府城腹背受敌。九月二十九日（1861年11月1日），太平军用竹梯爬城进入西郭门，攻陷绍兴府城，知府廖宗元死之，帮办团练大员王履谦走宁波。

太后抵京 咸丰十一年九月二十三日（1861年10月26日），两宫皇太后自热河起程间道赴京。九月二十九日（1861年11月1日），两宫皇太后抵北京。

克复湖北随州 太平军占领湖北随州城池后负隅固守，咸丰十一年十月初一日（1861年11月3日），都司刘维桢随同道员刘嶽昭设计诱引太平军出城后，官军马步合力环攻，克复随州城池。

更定建元年号 载淳嗣统后，经载垣等拟定祺祥字样，大学士周祖培以祺祥字义重复，奏请更定建元年号。咸丰十一年十月初五日（1861年11月7日），命议政

1861	咸丰十一年	十月十一日，**诏停避暑山庄未竟工程**。
1861	咸丰十一年	十月十一日，命留览**《帝鉴图说》**。
1861	咸丰十一年	十月十八日，诏曾国藩**节制四省**巡抚提镇以下各官。
1861	咸丰十一年	十一月初一日，两宫皇太后**垂帘听政**。

王、军机大臣拟定"同治"二字进呈，奉两宫皇太后允行，以明年为同治元年。

诏定罪名 咸丰十一年十月初六日（1861年11月8日），内阁奉谕旨，载垣、端华、肃顺以赞襄政务王大臣自居，擅改谕旨，目无君上。肃顺擅坐御位，目无法纪，擅用行宫内御用器物，经王大臣等按律拟罪，凌迟处死。载垣、端华著加恩赐令自尽，肃顺著加恩改为斩立决。

诏停避暑山庄未竟工程 道光初年以来，热河避暑山庄停止巡幸已四十余年，所有殿廷各工，日久未修，多已倾圮。咸丰十年（1860）清文宗驻跸山庄后，将各处紧要工程进行葺治。清文宗崩殂，两宫皇太后回京后，于咸丰十一年十月十一日（1861年11月13日）命所有热河一切未竟工程，著即停止。

帝鉴图说 给事中孙楫奏进明臣张居正等所辑《帝鉴图说》一书，咸丰十一年十月十一日（1861年11月13日），内阁奉谕旨，书中于指陈规戒绘图辑说，切实显豁，不无裨益，著将原书留览。

节制四省 咸丰十一年十月十八日（1861年11月20日），内阁奉谕旨，命钦差大臣两江总督曾国藩统辖江苏、安徽、江西三省，

1861	咸丰十一年	十一月初二日，命地方官交涉天主教事件务须**分别良莠**持平办理。
1861	咸丰十一年	十一月二十四日，官军**收复安徽定远**县城。

并浙江全省军务，所有四省巡抚提镇以下各官悉归节制。

垂帘听政 咸丰十一年八月初十日（1861年9月14日），御史董元醇奏请皇太后垂帘听政。八月十一日（1861年9月15日），皇太后召赞襄政务大臣议行垂帘，载垣、肃顺等持不可。十月初一日（1861年11月3日），命议太后垂帘之仪。十月初九日（1861年11月11日），皇太子载淳即皇帝位。十一月初一日（1861年12月2日），两宫皇太后御养心殿垂帘听政。

分别良莠 总理各国事务衙门以各省习天主教之人与不习教者彼此龃龉，奏请分别良莠，妥为办理。咸丰十一年十一月初二日（1861年12月3日），内阁奉谕旨，嗣后各省地方官于交涉天主教习教事件，务须查明根由，持平办理。

收复安徽定远 太平军英王陈玉成部占据安徽定远县城后，被胁民人吴殿元等降于编修袁保恒，约为内应。咸丰十一年十一月二十四日（1861年12月25日），记名提督张得胜统带兵勇攻克定远县城。

克复山东范县 山东范县属曹州府，捻匪占据范县城池。咸丰十一年十一月二十九日（1861年12月30日），西凌阿督带马队击败捻匪，侍郎国瑞带兵攻克范县城池。

按约办理 咸丰十一年十二月二十五日（1862年1月24日），以英使卜鲁斯照会，各省大吏不遵条约，易启嫌隙，命各省嗣后按约办理。

1861	咸丰十一年	十一月二十九日，官军克复**山东范县**城池。
1862	咸丰十一年	十二月二十五日，命各省**按约办理**。

附录

1. 咸丰皇帝后妃表
2. 咸丰皇帝子女表
3. 年代对照表
4. 辞条索引
5. 译名对照表

咸丰皇帝后妃表

位号	姓氏	生父	生年	卒年	备注
孝德显皇后	萨克达氏	富泰		道光二十九年十二月十二日	道光二十八年二月册为皇子奕詝福晋， 道光三十年十月追谥为孝德皇后
孝贞显皇后	钮祜禄氏	穆扬阿	道光十七年七月十二日	光绪七年三月初十日	咸丰二年二月封贞嫔，五月晋封贞贵妃，十月立为皇后，十一年七月尊为皇太后 同治元年四月尊上徽号曰慈安皇太后 45岁
孝钦显皇后	叶赫那拉氏	惠征	道光十五年十月初十日	光绪三十四年十月二十二日	咸丰元年赐号为懿贵人，四年十一月册封懿嫔，六年十二月晋封懿妃，七年十二月晋封懿贵妃，十一年七月尊为皇太后 同治元年四月尊上徽号为慈禧皇太后 74岁
庄静皇贵妃	他他拉氏	庆海		光绪十六年十一月十五日	初赐号为丽贵人 咸丰四年十二月晋封丽嫔，五年五月晋封丽妃，十一年十月尊封丽皇贵妃 同治十三年十一月尊封丽皇贵太妃
端恪皇贵妃	佟佳氏			宣统二年三月二十八日	咸丰八年十二月册封祺嫔，十一年十月尊封祺妃 同治十三年十一月尊封祺贵妃 光绪三十四年十月尊封祺皇贵太妃
婉贵妃	索绰络氏	奎照		光绪二十年五月十七日	初赐号为婉贵人 咸丰四年十二月晋封婉嫔，十一年十月尊封婉妃 同治十三年十一月尊封婉贵妃
玫贵妃	徐佳氏	诚意		光绪十六年十一月初八日	初赐号为玫贵人 咸丰八年十二月册封玫嫔，十一年十月尊封玫妃 同治十三年十一月尊封玫贵妃

璷妃				光绪二十一年四月二十一日	初赐号为璷贵人 咸丰十一年十月尊封璷嫔 同治十三年十一月尊封璷妃
吉妃				光绪三十一年十月	咸丰时号为吉贵人 咸丰十一年十月尊封吉嫔 同治十三年十一月尊封吉妃
禧妃				光绪三年五月十六日	咸丰时号为禧贵人 咸丰十一年十月尊封禧嫔 同治十三年十一月尊封禧妃
庆妃				光绪十一年五月初三日	咸丰时号为庆贵人 咸丰十一年十月尊封庆嫔 同治十三年十一月尊封庆妃
云嫔	武佳氏			咸丰五年正月初四日	初赐号为云贵人 咸丰二年十一月册封云嫔
英嫔	伊尔根觉罗氏				初赐号为英贵人 咸丰二年十一月册封英嫔
容嫔				同治八年五月十二日	初赐号为容贵人 咸丰十一年十月尊封容嫔
璹嫔				同治十三年三月二十四日	初赐号为璹贵人 咸丰十一年十月尊封璹嫔
玉嫔				同治元年十一月十六日	初赐号为玉贵人 咸丰十一年十月尊封玉嫔

咸丰皇帝子女表

咸丰皇帝诸子					
齿序	名字	生母	生年	卒年	备注
第一子	载淳	孝钦显皇后叶赫那拉氏	咸丰六年三月二十三日	同治十三年十二月初五日	同治帝 19岁
第二子	未赐名	玫妃徐佳氏	咸丰八年十二月初五日	咸丰八年十二月初五日	追封多罗悯郡王
承继子	载湉	醇贤亲王妃叶赫那拉氏	同治十年六月二十八日	光绪三十四年十月二十一日	生父为醇贤亲王奕譞 光绪帝 38岁
咸丰皇帝诸女					
齿序	名字	生母	生年	卒年	备注
第一女	荣安固伦公主	庄静皇贵妃他他拉氏	咸丰五年五月初七日	同治十三年十二月二十九日	同治五年九月指配瓜尔佳氏世袭一等雄勇公符珍，十二年八月下嫁 20岁
抚弟一女	荣寿固伦公主	和硕恭忠亲王嫡福晋瓜尔佳氏	咸丰四年二月初二日	民国十三年农历十一月十八日	生父为和硕恭忠亲王奕䜣 咸丰十一年十二月封固伦公主 同治四年九月请辞固伦封号，改封荣寿公主 同治五年九月指配富察氏一等公景寿之子一品荫生志端，是月下嫁 光绪七年十月晋封荣寿固伦公主 71岁

年代对照表（咸丰朝）

公历	清（咸丰）	干支	生肖
1850年2月12日	道光三十年正月初一日	庚戌	狗
1851年1月1日	道光三十年十一月二十九日	庚戌	狗
1851年2月1日	元年正月初一日	辛亥	猪
1852年1月1日	元年十一月十一日	辛亥	猪
1852年2月20日	二年正月初一日	壬子	鼠
1853年1月1日	二年十一月二十二日	壬子	鼠
1853年2月8日	三年正月初一日	癸丑	牛
1854年1月1日	三年十二月初三日	癸丑	牛
1854年1月29日	四年正月初一日	甲寅	虎
1855年1月1日	四年十一月十三日	甲寅	虎
1855年2月17日	五年正月初一日	乙卯	兔
1856年1月1日	五年十一月二十四日	乙卯	兔
1856年2月6日	六年正月初一日	丙辰	龙
1857年1月1日	六年十二月初六日	丙辰	龙
1857年1月26日	七年正月初一日	丁巳	蛇
1858年1月1日	七年十一月十七日	丁巳	蛇
1858年2月14日	八年正月初一日	戊午	马
1859年1月1日	八年十一月二十八日	戊午	马
1859年2月3日	九年正月初一日	己未	羊
1860年1月1日	九年十二月初九日	己未	羊
1860年1月23日	十年正月初一日	庚申	猴
1861年1月1日	十年十一月二十一日	庚申	猴
1861年2月10日	十一年正月初一日	辛酉	鸡
1862年1月1日	十一年十二月初二日	辛酉	鸡

辞条索引

【一画】
乙卯科云贵乡试 122

【二画】
卜鲁斯到津闯入鸡心滩 193
八旗生计 166
八旗兵饷 173
入驻北京 222
九龙司 203
力攻桂林 70

【三画】
三礼通释 99
三合会 46
三合会攻占江苏青浦 98
三合会袭陷湖南宜章 123
三姓 195
三渐宜防 72
土尔扈特延接喇嘛教习经典 192
大目洋 131
大阿哥入学读书 224
大学衍义 154
大钱式样 106
万世人极 166

万年吉地 191
上书房 180
上海不许英人开路 59
上海加广学额 177
山东赈务 73
广西土寇攻陷广东灵山 171
广西展缓乡试 121
广东乡试展缓 122
广东天地会占领江西永新 132
广东官军越境会剿 190
广东艇匪攻陷广西浔州 130
广州英军进扰三元里 187
广信失守 119
广艇投降 64
马厂开垦 170
马三新率党肆行劫杀 143
马如龙聚众围困省城 165
马沙利会晤怡良 94
马凌汉率众滋事 143

【四画】
丰工西坝漫塌 94
开设官局 161
开采银矿 125
天地会攻占广东信宜 221
天津 212

245

天津条约	179	太平军攻占安徽徽州	215
云南回汉冲突	108	太平军攻占江西景德镇	223
专折奏事	127	太平军攻占江苏丹阳	207
木里斐岳幅	106	太平军攻占江苏松江	210
木里斐岳幅率船至瑗珲	192	太平军攻占江苏苏州	207
五城粥厂	217	太平军攻占桂阳	75
五神祠	184	太平军攻占浙江平湖	224
不干涉政策	93	太平军攻占广西庆远	198
不准私船出海	138	太平军攻破江南大营	146
太平天国	51	太平军攻陷安徽滁州	176
太平军入武宣	54	太平军攻陷安徽宁国	214
太平军入南京	88	太平军攻陷江苏金坛	213
太平军大败胜保	103	太平军攻陷江苏溧水	145
太平军占领安徽六安	161	太平军攻陷浙江绍兴	234
太平军占领江苏太仓	209	太平军攻陷浙江处州	228
太平军占领岳州	83	太平军攻陷湖北武昌	108
太平军占领郴州	76	太平军攻陷湖南常德	107
太平军占领扬州	89	太平军攻陷舒城	102
太平军自山东冠县南走	106	太平军攻陷贵州独山	211
太平军自汜水折而南走	94	太平军攻陷贵州归化	210
太平军自象州折回武宣	57	太平军攻陷汉阳	83
太平军攻占山东临清	105	太平军攻陷福山	213
太平军攻占永安	62	太平军攻陷福建汀州	218
太平军攻占安庆	86	太平军围攻开封	93
太平军攻占安徽建平	205	太平军退出宜昌	160
太平军攻占安徽广德	212	太平军破沙河	100

太平军离武昌东下	85
太平军编查南京户口	88
太后抵京	234
日本海难船	58
中英北京条约	216
中法北京条约	217
中俄北京条约	217
内湖水师败太平军于青山	123
分别良莠	236
分界委员会晤俄使	131
乌什垦荒	164
乌兰泰败太平军	56
长沙撤围	82
文庆等革职	48
文宗驾崩	231
文津阁	202
巴夏礼等被拘	214
办事大臣	182
办理团练	84

【五画】

刊刻坚壁清野议	90
札什伦布	204
艾嘉略入川传教	220
节制四省	235
玉牒告成	175

甘肃中卫城乡地震	71
甘肃拉安族滋事	150
平天下传	79
北华捷报	47
北京换约	190
北破永兴	76
北塘	211
叶名琛释放水手	154
四川参将失路被害	132
出痘安适	95
外国语文	220
包令照会怡良	109
册封妃嫔	105
讨粤匪檄	104
汉回互斗	141
立皇太子	231
兰阳三堡河工漫溢	126
兰阳河溢	126
兴凯湖	195
宁聂氏妄托降神	209
永安封王	65
永安突围	69
永定河蛰堤漫溢	95
永定河漫溢	46
加放实银	196
加封关帝先代	127

台拱厅城失守	152	休宁、祁门永加学额	160
台湾开市	199	仿坚壁清野之法	56
圣谕广训	51	伊犁会议	149
		伊犁塔尔巴哈台通商章程	59

【六画】

		华工出洋	69
地雷炸塌长沙南城	81	华若翰	209
吉林三姓俄人生事	190	华若翰与恒福会于北塘	194
吉林江水陡发	146	向荣夺职	78
吉祥丹书克	83	行经筵礼	104
考核州县	45	会党攻陷上海	98
亚罗划艇事件	153	会商分界	228
再克东流	179	会勘乌苏里江分界	220
再克霍山	171	会勘民堰	45
西林教案	163	各安生业	169
达赖喇嘛坐床	199	江汉盛涨	212
达赖喇嘛涅槃	139	江南军务	150
达赖喇嘛接管事务	113	江浦县城守将献城投降	189
臣工列传书成	192	池州府城失守	200
当千大钱	102	安设大营	67
同乐园听戏	194	安插流民	155
回民勾结太平军攻陷楚雄	208	安置金州地震受灾旗民	144
回匪滋扰	76	安徽六安永增学额	109
回銮还京	222	安徽团练克复英山	124
《朱子全书》缮写告竣	67	安徽兵练克复六安	191
朱洪英部弃湖北永明	139	安徽捻匪滋扰	59
传习花会	186	弛五斤以下铜禁	114

弛禁台米	151	收复宜良	193
收复九江	101	收复贵州普安	203
收复云南蒲江	206	收复郴州	136
收复云梦	125	收复浙江缙云	228
收复邓川	172	收复宾州	178
收复北流	181	收复湖北安陆	110
收复四川筠连	200	收复湖北荆门	161
收复四会	118	收复瑞州	230
收复台湾凤山	95	收复福建汀州	226
收复扬州	141	收复福建龙岩	189
收复江西安义	150	收复福建建阳	183
收复江西武宁	229	收复肇庆	119
收复江西南安	190		
收复江西建昌	178	【七画】	
收复江西都昌	129	进攻瓜洲太平军	95
收复江西新昌	146	进贡公所	85
收复江苏丰县	183	攻占吉安	140
收复安徽定远	236	攻占江苏六合	185
收复安徽建德	181	攻克山东馆陶	227
收复安徽桐城	184	攻克石牌	197
收复安徽婺源	161	攻克江西浮梁	194
收复安徽霍山	166	攻克安徽无为	152
收复寿昌	180	攻克安徽婺源	189
收复应城	126	攻克芜湖	126
收复英德	122	攻克浙江严州	217
收复武平	224	攻克楚雄哨地	197

攻破芜湖营垒	132	克复无为	233
攻陷山西潞城	99	克复平远	219
攻陷安徽宁国府城	142	克复四川青神	204
攻陷清平	156	克复汉口	128
攻毁太平军要隘	60	克复汉川	128
杜文秀等据大理	150	克复宁化	182
杜受田呈递奏单	53	克复扬州	185
杨秀清于武昌设圣库	85	克复光泽	177
杨霈革职	121	克复休宁	124
克复大埔	189	克复江宁秣陵关	174
克复万载	144	克复江西九江	176
克复上海	116	克复江西义宁	229
克复山东范县	236	克复江西东乡	168
克复义宁	129	克复江西吉水	169
克复广东开平	112	克复江西吉安	183
克复广东龙门	112	克复江西抚州	177
克复广西庆远	208	克复江西奉新	159
克复广西怀集	195	克复江西宜黄、崇仁	152
克复广西南宁	168	克复江西临江	172
克复广西柳州	180	克复江西南康	146
克复广西浔州	231	克复江西饶州	147
克复广西梧州	177	克复江西崇仁	175
克复广西横州	202	克复江西湖口	168
克复云南富民	191	克复江西新淦	138
克复云南路南	210	克复江西新喻	159
克复太平	125	克复江西瑞州	167

克复江西德兴	218	克复安徽英山	111
克复江苏太仓	209	克复安徽桐城	232
克复江苏句容	165	克复安徽盱眙	194
克复江苏瓜洲	170	克复安徽铜陵	233
克复江苏江阴	216	克复安徽望江	169
克复江苏江浦	174	克复安徽绩溪	202
克复江苏松江	210	克复安徽巢县	155
克复江苏泾县	207	克复安徽舒城	232
克复江苏高淳	151	克复安徽溧水	186
克复江苏清江浦镇	203	克复安徽潜山	202
克复江苏溧水	164	克复安徽霍山	198
克复江苏镇江	170	克复安徽霍邱	162
克复安庆	232	克复安徽黟县	227
克复安徽三河城	151	克复兴安	167
克复安徽广德	206	克复兴国、大冶	113
克复安徽天长	185	克复灵山	187
克复安徽太平	206	克复连州三江	117
克复安徽太平府城	111	克复连城	188
克复安徽太湖	159	克复武义	180
克复安徽太湖县城	184	克复武昌	158
克复安徽六安	177	克复松溪	182
克复安徽正阳关口	163	克复英吉沙尔	167
克复安徽休宁	155	克复和平	145
克复安徽池州	232	克复和州	155
克复安徽庐江	112	克复岳州城陵矶	110
克复安徽怀远	200	克复金溪	143

克复河南邓州	157	克复清远	118
克复河源	114	克复萍乡	140
克复定番州大塘汛城	140	克复喀什噶尔回城	168
克复建昌	141	克复舒城	116
克复封川	114	克复湖北竹山	159
克复柳州	201	克复湖北孝感	224
克复贵州永从	166	克复湖北沔阳	109
克复贵州定番	220	克复湖北武昌	112
克复贵州桐梓	116	克复湖北崇阳	133
克复贵州普安	228	克复湖北随州	234
克复桂阳	134	克复湖北黄安	178
克复都匀	156	克复湖北黄州	233
克复袁州	157	克复湖北黄梅	159
克复浙江于潜	230	克复湖北德安	231
克复浙江长兴	227	克复湖北德安郡城	134
克复浙江长兴县城	205	克复湖南东安	130
克复浙江处州	181	克复瑞金	187
克复浙江江山	220	克复蒲圻	135
克复浙江严州	230	克复嵩明	196
克复浙江杭州	204	克复福建仙游	102
克复浙江淳安	208	克复福建汀州	162
克复浙江富阳	221	克复福建邵武	165
克复浙江遂安	223	克复福建泰宁	165
克复浙江新城	222	克复福建崇安	183
克复曹县	184	克复福建厦门全岛	101
克复雩都	146	克复嘉应	190

克复德庆	118	坐床	203
克复潜山	159	饬山西采办铁斤	114
克复蕲州田家镇	113	怀庆围解	97
克复融县	180	诏定罪名	235
孝义会起事	79	诏停回銮	222
李开芳攻占山东高唐	107	诏停避暑山庄未竟工程	235
李开芳等撤离直隶深州	100	诏铸铁钱	105
李鸿章克复安徽含山	116	诏湖南、广西办理团练	86
严定私铸大钱罪名	110	诏禁走会	68
严拏会党	45	诏禁演戏	67
严禁卖荒	154	初举经筵	78
更定建元年号	234	张秀眉攻陷丹江厅城	133
两广盗匪	46	改山东登州镇为水师	45
来土械斗	49	改名天京	89
拒俄人喀什噶尔贸易	55	阿拉善蒙古地界开采银矿	110
拒俄要求	173	陈玉成部占领安徽霍山	197
抄录《兵法要览》	97		
呈递公文	44	**【八画】**	
围攻桂林	69	武列河水暴涨	148
何名科等在广西贵县被擒	64	武昌省城失守	84
何绍基条陈臣工列传	119	奉天金州地震	136
彻卜勒幅图奸民妇被殴身死	193	奉天暂停捕打冬围	132
近畿士民齐心助战	214	奉表瞻觐	223
含芳园著赏给醇郡王奕谭居住		直省城垣	77
	147	直隶筹办钱局钞局	108
妥办保甲	67	卖空买空	186

苗众攻陷镇远	185	昌西陵工竣	79
苗沛霖劫掠饷银	218	易原图	168
苗匪滋事	65	罗镜会党	74
英人在琉球	53	知照俄罗斯撤回海兰泡人船	166
英人违约居住福州城内	48	和春克复安徽庐江	151
英人掳去总督叶名琛	171	垂帘听政	236
英军交还天津贡院	223	阜亳捻匪	101
英军焚圆明园	216	征义堂起事	77
英国中立	90	往朝鲜国颁遗诏	42
英国送回医愈兵弁	225	金州地震	233
英国领事覆函	88	金瓶掣签	152
英使威迫钦差大臣应允条件	178	金塔寺供奉舍利	103
英法同盟	161	命李星沅为钦差大臣	50
英法军入京城	215	命徐广缙为钦差大臣	71
英法军占领定海	206	命琉球贡使无庸绕道入京	115
英法军攻占新河军粮城	211	敏关进贡	92
英法军进逼北京	214	周天爵革总督衔	56
英法照会	211	变通制钱	117
英法对华宣战	210	法国兵船占据烟台	208
英美专使	174	法领事要求给还天主教堂	58
英船遭风	49	法喜寺匾额	54
拨充军需	50	河口淤滩	158
呼毕勒罕访获	148	河东蓝务	70
呼毕勒罕坐床	134	河南捻匪劫掠	49
败太平军于江北神塘河口	137	河南捻匪肆横	58
迪化州仓院失火	204	河南饬属举办坚壁清野	188

河海并运	64	拜上帝会起事	49
实行钞法	135	钦差大臣	77
建昌西陵	42	秋贡燕窝奏准展缓	134
肃清江面	120	秋狝木兰	214
练习清文	106	选择吉地	63
		重票轻钱	157
【九画】		保举知兵人才	77
柏理	108	俄人入乌苏里	200
封闭伊犁铜厂	156	俄人由松花江回行	130
封那拉氏	115	俄罗斯人分驾船只下驶	148
封诸弟为王	42	俄罗斯要求开放海口贸易	96
封禁山	89	俄罗斯船投呈	144
封锁北直隶	206	俄罗斯通商条例	52
查拏红会	66	俄罗斯喇嘛学生改称	219
查禁邪教	54	修订《中英条约》	104
赴京交聘	191	顺天乡试	133
赵连城等聚众抗粮	127	顺天乡试舞弊	187
厘金制度	104	顺贞门内不戒于火	174
按字命名	164	俞樾	172
按约办理	236	独石口	225
鸦片贸易	185	奕訢罢值军机	130
竖立红旗	193	奕訢受书	41
贵州土寇攻陷湄潭	200	奕訢诞生	41
贵州苗众攻陷湖南晃州厅	137	奕格奏请暂缓进贡貂皮	136
贵州苗乱	149	帝鉴图说	235
贵县来民	51	闽粤海盗	61

炮轰永安	68
洪纪等竖旗起事	64
洪秀全在武宣登极	54
洪秀全统大队太平军到长沙	80
浏阳门之役	80
洋枪队	207
总兵阵亡	104
总理衙门	219
宣示朱谕	41
宣沙镇	149
宣宗成皇帝本纪	163
宣宗圣训	226
宣宗实录馆提调等交部议叙	71
突入卡伦	73
美国不参与英国对华行动	160
美国务卿训令美使要求修约	163
美使入京	196
美使致书	108
举办团练	49
诱拐华工	82
说文通训定声	66
姚州回乱	153

【十画】

班禅额尔德尼涅槃	86
秦日纲军进攻湖北金口	123

酌行保甲	60
都江厅城失守	131
荷兰轮船赴琉球	193
荻港之役	138
恭亲王奕䜣	226
起林则徐为钦差大臣	49
载铨广收门生	75
破安徽临淮关	92
破黔桂军	51
捐厘助饷	106
捐资备饷	91
捐输总局	198
热河推行钞法	109
哲布尊丹巴	229
哲布尊丹巴呼图克图寓馆移回原寓处	93
哷征阿齐图呼图克图	216
晓示廓尔喀撤兵	120
晓谕俄人	195
圆明园	215
恩赏达赖喇嘛	99
铁完库里霍卓窜扰乌什卡伦	73
铅斤开禁	171
租界租约	221
徐广缙奉旨斩监候秋后处决	91
颁赏匾额	107

亳州捻攻占河南宁陵	197
浦口之役	142
浙江乡民藉豁免民欠滋事	70
浙江台州大水	96
浙江海运	103
浙江新漕改由海运	82
浩罕	218
海兰泡会谈	199
朔方备乘	201
诺们罕留葬土尔扈特	213
谈判	173
预立储贰	41
通商大臣	219
通商贸易	43
统筹全局	57

【十一画】

琉球正副使入觐	87
琉球贡使到福州	186
琉球进贡方物	139
琉球使臣向有恒等入觐	163
琉球海难船	72
琉球海难船只漂收浙江太平	128
琉球海难船漂收浙江	191
琉球请谕	83
琉球接贡船及海难船进口	135

琉球接贡船进口	101
琉球遣使进贡	137
琉球遭风船只进口	120
梓宫回京	233
教匪攻陷直隶曲周	225
教匪攻陷清河	226
萧朝贵中炮	78
黄河丰北决口合龙	87
黄河漫溢	62
盛京宫殿奏请修理	153
捻首李兆受败走	136
捻匪窜扰	87
接收英人文书	44
晤俄使于黑河口	198
崇俭黜奢	65
银钱钞法	100
移建海口石闸	43
停铸大钱	109
麻哈州城失守	173
康慈皇太后陞遐	127
清廷拒绝英法要求	176
清军分路进攻永安	63
添演秋围	153
渔网洲之役	81

【十二画】

257

琦善妄杀雍沙番族 57	赏加湖南湘乡县学文武学额 147
琦善猛攻扬州 94	喇嘛呈进贡物 201
敬阐圣谕广训黜异端以崇正学韵文 60	喇嘛进贡 205
	最后通牒 169
朝鲜使臣、琉球使臣入觐 138	景运门内五间房不戒于火 175
朝鲜使臣行元旦朝贺礼 201	黑旗捻 179
朝鲜使臣行朝贺礼 187	铸大钱 97
朝鲜使臣金铧入觐 116	铸铁制钱 164
朝鲜使臣姜时永等入觐 97	销毁《性命圭旨》 60
朝鲜使臣徐有熏等入觐 85	粤海关税 198
朝鲜使臣徐念淳等入觐 79	御制诗石刻 61
朝鲜使臣进呈谢恩贡物 79	御殿受书 156
朝鲜使臣朴齐宪等入觐 143	湖北官军越境克复安徽英山 162
朝鲜遣使恭问起居 224	湖南展缓乡试 120
朝鲜遭风海难民人附搭琉球贡船 221	湘勇败太平军 72
	湘军水师败太平军于鄱阳湖 125
朝鲜遭风难民到福州安顿 170	湘军克复江西东乡 142
赍呈贡物 213	湘军克复湖北崇阳 111
赍送敕书 212	湘军克复广西庆远 182
裁撤京城巡防 122	温州风雨成灾 96
越南例贡暂行展缓 217	曾国藩等督办团练 84
越境渔采 82	普提雅廷与崇纶等会于大沽 175
厦门小刀会 111	装运漕粮 115
搭用制钱 145	祺祥 231
援闽官军克复浦城 183	登极表贡 54
赏赐班禅 61	缅甸贡使抵铁壁关 101

缉拏土匪格杀勿论	90		剿平东川、寻甸回乱	98
编查海船	173		剿平贵州仲苗	205
编纂本纪	71		剿李沅发	42

【十三画】

【十四画】

禁天主教	62		嘉惠士林	188
禁无票流民私出边卡	71		遭风弁兵回粤	58
禁打造铜器	196		僧格林沁赴通州	176
禁京城内外流民	90		端华退出御前大臣	74
禁蒙古人学习汉字	99		漕粮海运	52
禁旗人演唱票戏	196		漱芳斋殿瞻觐	140
遣使进香	63		赛尚阿驰往湖南办理防堵	55
筹办海防	47		赛尚阿驰赴广西接办军务	55
筹饷总局	230		赛尚阿督办湖南军务	73
解李开芳入京	121		赛尚阿褫职逮问	81
新呼毕勒罕用黄布围墙、黄色车轿	103			

【十五画】

廓尔喀贡使	76		撒拉回聚众抢掠	141
廓尔喀兵占据西藏济咙	117		擒获台湾歃血结盟首伙各犯	68
满洲助教无卷可取	188		撰拟讲义	53
福建小刀会	91		暹罗使臣入觐	86
福建援案酌免货税	160		儋州匪徒	66
剿办方略	57		德国专使到天津	225
剿办归化仲苗	137		澎湖大风	199
剿办抗粮戕官匪徒	92		履信书屋全集	53
剿办贵州石岘苗民	143		预防英人	47

259

【十六画】

整饬吏治	59
整顿水师	43
整顿财政	44
穆彰阿褫职	50
避暑山庄	128
缴归圣库	62

【十七画】

豁免民欠	52

【十八画】

翻译会试	144
翻译孝经	148

【二十三画】

蠲缓钱粮	115

译名对照表
★本表依中文译名笔画顺序排列

卜鲁斯（Sir Frederick William Adolphus Bruce, 1814—1867）

马西（William Learned Marcy, 1786—1857）

马沙利（Humphrey Marshall, 1812—1872）

马赖（Auguste Chapdelaine, 1814—1856）

木里斐岳幅（Count Nicolai Nikolayevich Muravyev-Amursky, 1809—1881）

文翰（Sir Samuel George Bonham, 1803—1863）

巴夏礼（Sir Harry Smith Parkes, 1828—1885）

艾林波（Count Friedrich Eulenburg, 1815—1881）

艾嘉略（Louis Charles Delamarre, 1810—1865）

布尔布隆（Alphonse de Bourboulon, 1809—？）

《北华捷报》（North China Herald）

卡灵顿（Earl of Clarendon, 1800—1870）

卡斯（Lewis Cass, 1782—1866）

包令（Sir John Bowring, 1792—1872）

白齐文（Henry Andrea Burgevine, 1836—1865）

亚罗（Arrow）

列卫廉（William Bradford Reed, 1806—1876）

伊格那提业幅（Count General Nicolai Pavlovitch Ignatiev, 1832—1908）

华尔（Frederick Townsend Ward, 1831—1862）

华若翰（John Eliot Ward, 1814—1902）

麦华陀（Sir Walter Henry Medhurst, 1823—1885）

麦莲（Robert Milligan McLane, 1815—1898）

克兰忒（General Sir James Hope Grant, 1808—1875）

李泰国（Horatio Nelson Lay, 1832—1898）

伯驾（Peter Parker, 1804—1889）

阿礼国（Sir Rutherford Alcock, 1809—1897）

孟达班（Comte de Palikao Charles Guillaume Marie Apollinaire Antoine CousinMontauban, 1796—1878）

柏理（Matthew Calbraith Perry, 1797—1858）

威妥玛（Sir Thomas Francis Wade, 1818—1895）

哈尔米士（Hermes）

奚安门（Henry Shearman, ?—1856）

敏体呢（Louis Charles Nicolas Maximilien Montigny, 1805—1868）

密迪乐（Thomas Taylor Meadows, 1815—1868）

葛罗（Baron Jean Baptiste Louis Gros, 1793—1870）

阔瓦烈幅斯基（Egor Petrovich Kovalevsky, 1811—1868）

普提雅廷（Count Admiral Euphimius Vasilievitch, 1803—1883）

赫德（Sir Robert Hart, 1835—1911）

辣厄尔（La Guerre）

额尔金（Earl of Elgin and Kincardine James Bruce Elgin, 1811—1863）

清史事典笔记

图书在版编目（CIP）数据

咸丰事典 / 庄吉发编著. —北京：紫禁城出版社，2010.7
（清史事典 / 陈捷先主编）
ISBN 978-7-5134-0024-4

Ⅰ.①咸… Ⅱ.①庄… Ⅲ.咸丰帝－生平事迹 Ⅳ.①K827=52

中国版本图书馆CIP数据核字（2010）第134387号

咸丰事典

主　　编：陈捷先
编　　著：庄吉发
责任编辑：杨付红
装帧设计：李　猛
出版发行：紫禁城出版社
　　　　　地址：北京东城区景山前街4号　邮编：100009
　　　　　电话：010-85007808　010-85007816　传真：010-65129479
　　　　　网址：www.culturefc.cn　邮箱：gugongwenhua@yahoo.cn
印　　刷：保定市中画美凯印刷有限公司
开　　本：787×1092毫米　1/16
印　　张：16.5
字　　数：206千字
版　　次：2010年7月第1版
　　　　　2010年7月第1次印刷
印　　数：1~3,000册
书　　号：ISBN 978-7-5134-0024-4
定　　价：32.00元

本书由台北远流出版公司授权出版，限在中国大陆地区发行。